O SEGREDO DE
UM GRANDE AMOR

HELENA T. RECH (ORG.)

O SEGREDO DE UM GRANDE AMOR

DIÁRIO ESPIRITUAL DE IR. MARIA CELESTE FERREIRA

Paulinas

Dados Internacionais de Catalogação na Publicação (CIP)
(Câmara Brasileira do Livro, SP, Brasil)

Ferreira, Maria Celeste, Irmã
O segredo de um grande amor. Diário espiritual de Maria Celeste
Ferreira / Helena T. Rech (organizadora). -- São Paulo : Paulinas, 2017.
-- (Coleção alicerces)

ISBN: 978-85-356-4323-7

1. Deus - Amor 2. Maria Celeste, Irmã - Diários 3. Trindade 4. Vida
cristã 5. Vida religiosa I. Rech, Helena T. II. Título. III. Série.

17-06531   CDD-248

Índice para catálogo sistemático:
1. Irmãs religiosas : Diário espiritual: Vida cristã : Cristianismo 248

1ª edição – 2017

Direção-geral: Flávia Reginatto
Editora responsável: Vera Ivanise Bombonatto
Copidesque: Ana Cecilia Mari
Coordenação de revisão: Marina Mendonça
Revisão: Sandra Sinzato
Gerente de produção: Felício Calegaro Neto
Capa e diagramação: Claudio Tito Braghini Junior
Imagem de capa: Arquivo das Servas da Santíssima Trindade

Paulinas

Rua Dona Inácia Uchoa, 62
04110-020 – São Paulo – SP (Brasil)
Tel.: (11) 2125-3500
http://www.paulinas.org.br – editora@paulinas.com.br
Telemarketing e SAC: 0800-7010081

© Pia Sociedade Filhas de São Paulo – São Paulo, 2017

"Deus tem sempre me feito passar por dias, e meses de agonia, de purgatório, antes de realizar os meus desejos. Mas acaba realizando todos os meus sonhos."

Sumário

Apresentação

O delicado e vigoroso texto que aqui é colocado em suas mãos guarda diversas surpresas. Mas para se deixar surpreender é necessário, antes mesmo de começar a folheá-lo, buscar a mesma fineza de espírito da autora, por respeito e por justiça. Pois se trata de um diário íntimo, de um coração que se põe em cada página como em uma aventura espiritual, em um diálogo nupcial sem intenção de publicidade. Portanto, só pode ser bem compreendido por corações em que se pede não apenas o pudor, mas também o cuidado de uma sintonia fina e de uma abertura espiritual.

Palavras verdadeiras são janelas da alma, e aqui as palavras são generosas ao abrir uma alma de paisagens imensas. Basta-nos, nesta apresentação, invocar duas palavras recorrentes de Ir. Maria Celeste: o do amor divino como a luminosidade de um "sol" infinito e a profundidade de um "oceano" vasto. Aqui estão os dois abismos, de luminosidade celeste e de imersão originária, imagens arquetípicas de toda a criação e de toda alma em sua união com Deus. Como não lembrar, ao longo do seu diário espiritual, o último verso sem par com que Dante termina a *Divina Comédia*, no Canto XXXIII do Paraíso: "O amor que move o sol e as outras estrelas!".

O diário de Ir. Maria Celeste é o testemunho interior de uma mulher cristã. E, como verdadeira cristã, deixou aqui nas pegadas de seu caminho o cumprimento do amor cristão, que é chamado a amar indivisivelmente a Deus e o próximo. Amar a Deus acima de todas as coisas lhe foi tão natural, que o seu cuidado maior foi amar o próximo, que lhe deu mais trabalho. Quanto ao amor de Deus, talvez tenhamos aqui a maior surpresa: desde adolescente, ajudada pela leitura da mística francesa, Santa Elisabeth da Trindade, carmelita em Dijon, a Ir. Maria Celeste contradiz o senso comum e até especialistas da grandeza do teólogo Karl Rahner, um dos mais marcantes do século XX. Rahner observou que o fato de Deus ser Trindade era tão pouco sentido na vida dos cristãos, a ponto de que, se algum dia se anunciasse que não, que Deus não é Trindade, isso praticamente nada mudaria na espiritualidade cristã. E, no entanto, aqui está alguém que testemunha exatamente o contrário: Ir. Maria Celeste não se compreenderia sem a inabitação trinitária, sem esse sol que iluminou dia e noite sua alma, e esse oceano no qual cotidianamente se sentiu imersa. A experiência trinitária de Deus foi seu tesouro, sua pérola interior, pela qual tudo deixou e viveu, e que ela deu em herança à sua Congregação e a todos os cristãos que quiserem provar desses raios luminosos e dessa água cristalina: Deus é Trindade porque é Amor irradiante, e Deus é Amor porque é Trindade hospitaleira. Essa herança preciosa nunca se vai esgotar em quem se puser no mesmo caminho. E nunca se vai agradecer o suficiente a Ir. Maria Celeste por ter deixado esse testemunho em herança.

A outra surpresa é o chão e o mundo real em que o amor da Trindade é vivido por Ir. Maria Celeste: o amor ao próximo, o outro lado do mesmo amor. Ser Serva da Trindade é ser serva de suas irmãs e irmãos, serva de um povo, de crianças a ensinar, de pobres a socorrer, de doentes a cuidar. É o lugar natural do amor a Deus na sua forma cristã, que ela seguiu com a mesma naturalidade de sua fé e de seu amor de coração indiviso que ama no mesmo amor a Deus e ao próximo. Quando Deus lhe foi concedendo companheiras de Congregação, seu cuidado redobrou, segundo o que podemos verificar à medida que vamos avançando na leitura de seu diário espiritual. É que ela toma para si o cuidado ainda maior de cuidar das que, com ela, são cuidadoras: as irmãs que se associam no cuidado do ensino, da defesa e promoção da dignidade dos pobres, na partilha de vida com eles. Esse cuidado tem em seu diário uma exigência que, diferente do amor a Deus, pode se tornar dura e sem reciprocidade. Mas isso se pode somente adivinhar, porque até as provações são suavizadas por um coração disposto previamente a compreender e perdoar, preferindo compreender tanto que dispensa a necessidade de perdoar.

Outra surpresa preciosa, deixada em seu diário como um vestígio a seguir, é encontrar compaginadas sua vida interior e as coisas e os acontecimentos que lhe advinham dos dias da Congregação e da Igreja, enfim, da história de um mundo em mudança. Ela deu vida a uma Congregação algum tempo antes do acontecimento maior da Igreja na modernidade, o Concílio Vaticano II, que trouxe mudanças mais ou menos profundas na Igreja, inclusive na vida religiosa consagrada.

A Congregação, como todas as formas de vida consagrada, também foi convidada a mudar de um modelo pré-conciliar para um novo modelo, seja na forma da oração e da liturgia, das relações internas e da obediência, seja na forma de se situar no mundo. No Brasil essa mudança foi também um caminho marcado por novas formas de solidariedade encarnada nas periferias e na partilha de vida com os mais pobres. Pois bem: o olhar dela sobre tudo o que se movia com o Concílio Vaticano II partia de dentro de sua relação espiritual com Deus. Em seus pensamentos e preocupações, segundo o propósito repetido em seu diário, ela buscou evitar o monólogo para discernir o diálogo interior do exterior. Ela afinava, assim, seu discernimento, suas decisões e suas condutas, com a presença divina e com a Palavra e a meditação tanto quanto com o diálogo.

Ela atravessou em espírito de oração as grandes transformações que bem cedo afetaram a Congregação, de tal forma que as exigências novas lhe foram naturais desde sempre, e o caminho para o despojamento e a solidariedade e partilha de vida com os pobres foi a concretização, na verdade, de uma autêntica inclinação que a levava desde menina para junto dos trabalhadores, na alegria de ensinar-lhes algo de Deus. De certa maneira se pode constatar aqui que o Concílio lhe concedeu maior liberdade para concretizar o que desde o começo da Congregação estava em seus sentimentos.

É bom que o leitor siga calmamente a ordem do diário sem saltar etapas. Mas, ao final desta apresentação, não posso saltar o que me ficou na alma, que deixo aqui como um vislumbre, um *trailer* do que o leitor encontrará no final: a oração do entardecer de sua vida, sem sombra de dúvida, é sua Páscoa consumada para dentro da Trindade na forma de palavras e de oração. Ela, que foi uma menina exuberante, uma jovem elegante e ardente de um amor por Deus e por todos, que desdobrou sua vida de forma incessante, que transformou sua oração em ação e sua ação em oração, que viveu sob o signo do Pai amoroso, do Filho fraterno e mestre de vida, do Espírito de santidade e missão, entrega sua vida no mais completo despojamento e abandono. Essa pérola bastaria para compreendermos que nossa leitura fez o percurso de uma vida santa que se consumiu "como um sereno, feliz e luminoso pôr do sol. Amém!".

Porto Alegre, 24 de maio de 2017
Frei Luiz Carlos Susin, OFMCap

Introdução

Maria Celeste Ferreira nasceu no dia 8 de janeiro de 1915, numa família numerosa, com dez irmãos: sete mulheres e três homens. Seus pais eram Luis e Zulmira Ferreira. Família profundamente religiosa e praticante da fé cristã. Desde o berço, Celeste foi envolvida por amor, carinho e o testemunho de retidão e solidariedade de seus pais, avós e familiares. Com dois meses de vida foi batizada, em dia 11 de março, em Santos (SP).

A jovem Maria Celeste Ferreira, sétima filha, viveu sua infância e início da juventude num ambiente familiar cristão e socialmente abastado. Teve sua infância e juventude despreocupadas de problemas econômicos, o que lhe possibilitou dedicar-se aos estudos e à música, um de seus muitos dons. Tocava piano desde os clássicos até os contemporâneos. No período de férias do colégio gostava de passear com suas irmãs e primas, na fazenda de seus avós Afonso Ferreira e Maria Salomé Leme Ferreira, em Bragança Paulista, onde dedicava seu tempo à evangelização dos colonos dos cafezais. Maria Celeste vibrava com essa "missão" junto aos trabalhadores simples, muitos descendentes de escravos. A missão culminava com missa, confissões, batizados e casamentos. Essa experiência aquecia seu coração jovem e a confirmava em seu desejo de ser "toda da Santíssima Trindade".

Em sua busca constante de ser inteiramente da Trindade e anunciar a todas as pessoas o Mistério da Inabitação, descobriu-se vocacionada e decidiu-se pela vida religiosa aos 15 anos, depois de ler com grande interesse o livro *Memórias de Isabel da*

Trindade. Após essa leitura, escreveu no seu diário: "Compreendi que só Deus poderia saciar minha sede de um amor absoluto". Seu amor e intimidade com a Santíssima Trindade começaram muito cedo: "a Santíssima Trindade foi o grande amor de toda minha vida, embora não lembre exatamente em que época fui despertada pelas Pessoas Divinas".[1] Seu pai não gostou da ideia de que Maria Celeste fosse para a vida religiosa, pois a achava muito jovem para tal decisão. Finalmente, após insistência da filha, seu pai consentiu quando estava com 18 anos, mas com a condição de fazer antes uma viagem para conhecer a Europa: Itália, França e Bélgica. O pai pensava que a viagem poderia distraí-la ou fazê-la mudar de ideia. Mas, encontrando-se na Bélgica, ingressou na Congregação das Cônegas Regulares de Santo Agostinho, onde sua irmã Maria Aparecida era noviça.

A *primeira parte* de seu diário espiritual constou dos anos de 1938 a 1940, período em que morou na Bélgica.

A *segunda parte* foi escrita no Brasil. Ela retornou de Jupille, Bélgica, ao Brasil no segundo semestre de 1940. Essa segunda parte contém a inspiração original e o processo de discernimento da fundação da Congregação das Servas da Santíssima Trindade, que aconteceu em 15 de junho de 1946. Era esse um tempo de grandes desafios, orações e busca da vontade do Pai. Sua entrega a Santíssima Trindade se fez cada vez mais intensa e profunda, pois tinha certeza de que era esse seu caminho. Caminho de um grande amor e de muitas purificações interiores, igualmente de certezas e alegrias.

Seu diário é um "tesouro espiritual", em outras palavras um "patrimônio espiritual e místico", onde ela nos revelou sua

---

[1] Registro deixado nos "Alicerces da Congregação". In: Constituições das Servas da Santíssima Trindade, p. 18.

14

experiência profunda de amor a Santíssima Trindade – "Grande Sol" de sua vida, como sempre expressou.

A *Espiritualidade trinitária no mistério da inabitação*[2] sempre foi sua paixão e sua vocação. Ao ler a vida de Santa Elizabeth da Trindade, aos 15 anos, identificou-se com a jovem carmelita de Dijon e declarou-se "seduzida pela Santíssima Trindade", e escreveu no seu diário espiritual: "minha vocação é amar!". Registrou também sua firme decisão: "Eu estava já decidida a deixar o mundo e suas vaidades o mais depressa possível, pois via claramente que só o absoluto de Deus podia preencher minha vida. E, de outro lado, tendo visitado outras congregações, convenci-me de que o ideal trinitário com o qual eu sonhava não existia em nenhum lugar".

Mulher "seduzida" por seu grande AMOR, Deus Uno e Trino, fez de toda sua vida, sonhos, alegrias, desafios, sofrimentos e purificações, a busca constante do "Amor e Glória da Trindade".

A vida de oração e contemplação das Pessoas Divinas a tornaram uma *mulher apaixonada e destemida,* a tal ponto de oferecer-se como vítima a ser "consumida" por amor a Santíssima Trindade.

"Amar, deixar-se amar e fazer amar a Trindade" era a vocação fundante de Maria Celeste. Vocação do amor, da interioridade, da contemplação, em favor da vida e da dignidade humana.

Sempre envolvida com "seu Hóspede Divino" e com o olhar voltado para o horizonte, para a realidade, para a missão trinitária que os "sinais dos tempos" lhe apontavam.

Ir. Maria Celeste, uma mulher que sempre estava aberta aos toques da Graça em seu coração contemplativo. Igualmente aos

---

[2]   A palavra "inabitação", teológica e espiritualmente, significa: Deus "habitando dentro" do ser humano. *Somos templos vivos da Santíssima Trindade.*

"sinais dos tempos". Fundou a Congregação em 1946. Na época todas as Congregações usavam hábito e ela não fugiu disso. Mas, em 1956, muito antes do Concílio Vaticano II (inaugurado em 11 de outubro de 1962), ela iniciou, com as irmãs, o processo de simplificação do hábito religioso. Pouco mais tarde, em 1957, as Irmãs passaram a trabalhar sem hábito e só usam o mesmo em casa. Pouco tempo depois o hábito foi abolido por causa do trabalho profissional e das viagens para missões em vários Estados e dioceses no Brasil.

Esse é um aspecto de sua abertura. O mais importante foi a preocupação de que todas as religiosas se beneficiassem e aprofundassem os documentos conciliares. Para isso, promovia cursos e encontros com as Irmãs, adquiriam os documentos e os estudava nas comunidades. Possibilitava às Irmãs outros cursos externos com especialistas, como catequese, liturgia, pastoral, para que elas estivessem preparadas para a missão. Todas as Irmãs, além dos estudos e da faculdade, participavam de cursos específicos dentro da sua profissão ou missão pastoral.

Ir. Maria Celeste participou também da Fundação da UISG (União Internacional das Superioras Gerais) e, em sua primeira assembleia eletiva, foi escolhida como conselheira. Nesse período em que era geral e participava da diretoria da UISG, encontrou-se mais de uma vez com Madre Teresa de Calcutá. Conheceu-a, em Roma, e visitou uma das suas casas, onde abrigava os mais pobres. Escreveu de lá uma linda carta para suas Irmãs no Brasil.

No ano seguinte foi fundada a CRB (Conferência dos Religiosos do Brasil) no Brasil. Ir. Maria Celeste participava ativamente dessa Fundação, bem como da Fundação da USGCB (União das Superioras Gerais de Congregações Brasileiras), da qual foi secretária e sempre se fez presença ativa das suas assembleias e encontros.

Mulher investidora, inovadora, atualizada sobre assuntos eclesiais, vida consagrada, política, sociedade e mundo. Tudo isso permeado de profunda oração e contemplação. Abertura ao novo e discernimento amadurecido na intimidade com a Trindade presente em seu coração.

Consciente de que a vivência da *inabitação trinitária* seria a entrada pelo "caminho estreito" da ascese, das noites escuras, do esvaziamento e solidão: "Quando se tem por única missão amar Deus e fazê-lo amado, é preciso enfrentar desapegos bem penosos à natureza e ao coração humano". Porém, não temia entregar-se por inteiro, mas tantas vezes sentia-se impotente, frágil e limitada diante do desrespeito à vida, do absurdo da violência, dos assassinatos, da droga, do tráfico de seres humanos, especialmente de crianças e mulheres, da pobreza e exclusão humana. E escreveu: "Nos momentos de desânimo, de impotência... mergulharei nesse oceano de Amor que, no fundo de minha alma, jorra do Pai ao Filho e do Filho ao Pai".

Mulher da ternura, do despojamento, da interioridade, da intelectualidade, da música e da poesia, da comunhão e solidariedade, trazia no seu jeito de ser certa "elegância", aprendida desde o berço, própria de sua família e de sua posição social, que sabia conjugar com simplicidade, alegria, acolhida e sociabilidade.

Este livro não é um tratado de Teologia espiritual, nem uma biografia de Ir. Maria Celeste, mas o "itinerário espiritual" da jovem Celeste que se apaixonou pela Santíssima Trindade ainda adolescente, e revelou-se cada dia mais seduzida pelo Amor da Trindade, presente em seu coração. É o diário de vida interior da mulher jovem e adulta, amadurecida na fé e no amor, e que escreveu o quanto era capaz de amar o seu *Grande Amor*.

Nada melhor do que entrar em contato com os próprios escritos de Ir. Maria Celeste Ferreira e conhecer sua espiritualidade e mística trinitárias; sua busca insaciável de amar com todo seu ser e tornar a Santíssima Trindade *conhecida e amada* por todas as pessoas.

Convidamos o leitor e leitora a conhecer e beber dessa fonte de amor. Como Celeste, mergulhar no Amor da Trindade. Com certeza, ela será sua companheira nesse caminho interior.

Você não está lendo um livro comum, mas o "Diário espiritual" de Maria Celeste, no qual ela registrou sua experiência interior com a Santíssima Trindade e sua busca, desafios e sofrimentos para poder ser fiel ao *Grande amor de sua vida:* "A Santíssima Trindade foi o grande amor que dominou toda a minha vida!".

Conhecer essa "mulher apaixonada" pela Santíssima Trindade é convite a ser uma pessoa enamorada por Deus Uno e Trino, único capaz de preencher nosso coração sedento de AMOR.

Amar é tornar-se uma pessoa de paz, de unidade, de silêncio, de solidariedade, para que surja uma nova humanidade, um mundo justo para todos – habitando nossa "Casa comum" e "Comunidade de vida" irmanada no amor do Pai, do Filho, do Santo Espírito.

Ir. Helena T. Rech, STS

PRIMEIRA PARTE
DO DIÁRIO

> "Eu queria amar o bom Deus como ele jamais foi amado."

1938

Maria Celeste está com 18 anos.

Na Bélgica inicia o tempo de formação para a vida consagrada, na Congregação das Cônegas de Santo Agostinho, onde sua irmã Maria Aparecida é noviça.

"Meu Deus, Trindade adorável, que habitais minha alma, eu me comprometo, por voto (até o Natal), a entregar-me sem reservas ao vosso amor. Amar-vos, deixar-me amar e fazer com que vos amem!"

Dia 4 de outubro

Deus quer nossa entrega total, sem reservas. Para isso, é necessário aceitá-lo por inteiro e abandonar todo o resto, ou seja, fortuna, reputação, bem-estar, comodidade e, principalmente, o coração e suas afeições (...) sacrifício bem penoso, pois temos sede de amor. Somos ignorantes e muito voltadas para o material; o vosso amor, meu Deus, nem sempre nos basta (...) Deus quer sua esposa inteiramente pura. Evitar tudo que possa ofuscar o brilho, pois é mais fácil guardar absoluta pureza do que se contentar em ficar no limite.

Deus, dai-me essa pureza que desejais, já que somente a graça, segundo Pascal, pode fazer do homem um santo: *duvidar disso é ignorar quem é o homem e quem é o santo.*

"Mortificar minha imaginação e vigiar meu modo de ser."

Dia 6 de outubro

Amar somente a vós, meu Deus (...) quantas provações! Ao mesmo tempo, quanta felicidade!

"Castidade, flor colhida entre os espinhos."

Dia 11 de outubro

Tudo está horrivelmente vazio em torno de mim. Há, no entanto, essa espessa nuvem, e mesmo assim creio que estais aqui, bem perto de mim, vós que sois o Deus que o universo não pode conter. Diante disso, como pude sentir-me só, quando tenho o Tudo em mim?

Meu Deus, por quem tudo sacrifiquei, não sois uma imagem fria e imóvel. Acredito que, intimamente, guiais com amor todas as minhas ações e meus pensamentos. E mais, vós agis, pensais, rezais e sofreis comigo! Quão profunda é essa vida a dois!

Dia 19 de outubro

Não é para me tornar santa nem para aperfeiçoar-me na fé que amo a Deus, mas simplesmente para agradar-lhe. *Se tu amas, ame gratuitamente.*

E se eu não brilhar, não tiver sucesso em minhas tarefas, e se ninguém perceber meus esforços e se, realmente, eu não progredir? Que importa! O essencial é que Deus encontre em mim a medida do amor que Ele *me* pede e, com isso, conceda-me a graça de lhe retribuir, assim, realizarei seu plano em minha alma.

Dia 15 de novembro

Meus aprofundamentos nos estudos não devem ser minha única preocupação, a ponto de se tornarem um obstáculo entre Deus e mim. É muito importante me preparar adequadamente para a tarefa de educadora, porque é a expressão da vontade de Deus. Deus acima de tudo. Somente Deus, sempre!

Cada criatura deveria sentir-se uma interpretação particular do Cristo, *caminho e modelo* que nos foi dado pelo Pai. Diante disso, com a graça divina, desejo oferecer-me como intérprete do seu *Amor* para com o Pai, ou seja, viver para amar, colocando amor em cada detalhe do dia. Isso exige verdadeira fidelidade, sobretudo quando o cansaço e a angústia da *vida* enfraquecem nosso humilde coração. Dessa forma, pedimos a Deus, que é bondoso, a graça da perseverança, procurando estar atentos para a realização de sua divina vontade.

Dia 22 de novembro

Procurar amar somente a Deus significa muito!

Do momento em que *busco* Deus em todas as coisas, já não penso mais em mim, mas em alegria, alívio, consolações etc. (...) desvio-me de coisas que não têm por objetivo encorajar-me ao verdadeiro amor. Certamente, por causa desse amor exclusivo a Deus, não me devo preocupar comigo mesma e devo amá-lo acima de tudo, mesmo que tenha que me despojar totalmente.

Eu queria amar o bom Deus como Ele jamais foi amado. Por isso, é preciso que cada dia eu o ame mais. Porém, não devo entristecer-me se não conseguir *amá-lo* com exclusividade, ao contrário, tenho que me alegrar e amá-lo do jeito que Ele quer ser amado por mim.

Meu Deus, claramente, mostrai-me, ou a meu confessor, o que esperais de mim por causa desse voto de entrega ao Amor. Não é correto fazer um voto particular, mas é necessário que ele seja vivenciado. Iluminai-me, Espírito de Amor!

Fico tão angustiada quando penso na vida que terei de levar ao final de meus estudos. Gostaria de me retirar do convívio com as pessoas e ajudá-las unicamente por meio de vós, sem vê-las (...) No entanto, que tudo se realize conforme vossa vontade! Estou certa de que jamais permitíreis que nenhuma criatura crie barreiras ou provoque distanciamento entre nós.

Dia 1º – Domingo do Advento

Quero, com a graça de Deus, que esse Tempo do Advento seja uma verdadeira preparação para a chegada de meu Deus.

Prática particular: mortificação de minha imaginação errante.

Dia 30 de novembro

Como religiosa educadora, devo amar a Deus de bondade. Tenho que vivenciar essa cumplicidade no dia a dia, buscando a maneira com que Ele se digna a me convidar.

É importante observar os momentos de convivência que Deus me proporciona com Ele. Assim, quanto mais fervorosa estiver nesses momentos de encontro, mais estarei unida a Deus na ação.

Durante o dia, com frequência, recolher-me-ei para falar-lhe do meu amor, para confiar minhas aflições e dificuldades, para fazer-lhe sentir que, se penso em outra coisa, é sempre por causa dele.

Dia 5 de dezembro

Sois um Deus ciumento. Demonstrastes isso ontem (...), senti-me feliz por ter acontecido, pois assim cortareis os laços que me prendem, ainda, às criaturas. Amar somente a vós, unicamente vós! A vida é sublime quando se vive por Deus.

Aguardar a vinda do Menino Jesus num intenso recolhimento. Ensinai-me, Maria, esse silêncio profundo.

Dia 7 de dezembro

Ele está aqui. Não perder meu Amor de vista sob pretexto de alguma atividade. Ele está aqui. Ele, que é onisciente, estará lá durante meus exames, portanto, não devo inquietar-me. A maior prova de amor que se pode dar é mostrar-lhe confiança ilimitada!

> *Amando meu próximo estarei amando a Deus. Meu próximo é um templo vivo onde Deus habita.*

1939

A jovem Maria Celeste, no dia 8 de janeiro deste ano, completou 19 anos. Inquieta e sedenta, busca com todo seu ser viver no amor da Trindade e amar de todo seu coração. Escrevem seu diário sua busca incessante, sua experiência do amor da Trindade e seu testemunho sincero de quem não se deixa acomodar e saciar com 'gotas' ou 'migalhas' de amor. Quer tudo. Quer experienciar o amor da Trindade, ser toda entregue e amar com todo seu ser. Está no noviciado e busca vivê-lo com intensidade, sinceridade e abertura aos toques da Graça, aos apelos de Deus Trindade. Nada a desvia de seu ideal e grande desejo de ser toda da Santíssima Trindade. Amar é sua vocação especial.

Dia 1º de janeiro

Amar não é sentir que se ama; amar não é sentir que vos amo; amar não é sofrimento (...) amar não é felicidade. Amar é querer estar com aquele que se ama!

Dia 5 de janeiro

O que Ele me reserva para o futuro? Ocupações, clima, ambiente (...) Tenho medo da vida (...) quero, porém, ter confiança.

Tudo que poderá acontecer-me terá sido predestinado pelo bom Deus desde toda a eternidade!

Meu Deus, eu não sei quais serão minhas disposições futuras, por isso agradeço tudo antecipadamente.

Dia 12 de janeiro

Indagações: Por que fui criada? Para amar e servir a Deus. Por que vim para o convento? Para amar e servir exclusivamente, com todas as minhas forças, com todo o meu coração, com toda a minha alma esse DEUS que me escolheu para esposa.

Dia 20 de janeiro

Viverei como num deserto, somente com Deus, não me voltarei para as criaturas senão por Deus. Sou um templo e sozinha devo permanecer nele, permitirei somente a entrada da criatura, que (...).

Na missa unirei meu sacrifício ao de Cristo e depois, com coragem e generosidade, tomarei minha cruz de cada dia. Estudarei ao máximo, tendo sempre diante dos olhos meu objetivo: amar e servir a Deus! Se o desejo de sucesso aparecer, devo dar uma prova de puro amor, uma menção, mesmo que seja simples, porém um pouco honrosa, mas significante para a vida. O que importa é o meu amor por Ele.

Em relação ao futuro não me inquietarei. "Meu Deus, conheceis o nada de onde me tirastes, o barro com que me formastes, o objetivo que devo atingir e o caminho que devo seguir, portanto, disponha de tudo segundo vossa santa vontade."

Entregar-me-ei totalmente! Com confiança, lançar-me-ei nos braços de Jesus.

Dia 7 de fevereiro

Aceitar o eterno "recomeço". Depender totalmente de Jesus, vivendo com Ele, por Ele e nele. O amor exige muita delicadeza, mas nada pode feri-lo!

Dia 27 de fevereiro

O amor deve ser a lei da minha vida! Em Jesus, que reza e age em mim, é que buscarei o amor pelo amor e a coragem para realizar meu dever; aceitarei os sofrimentos de cada dia: caracteres difíceis de suportar, contradições, fadigas etc., pois a vida do cristão é uma vida a dois!

O caminho que leva a Deus é estreito... subir, subir sempre, levantar-se apesar da monotonia dessa estrada que, às vezes, nos parece interminável: "Meu jugo é suave", diz o Senhor, "mas é um jugo"! Por isso, não devo desanimar; nessa ascensão manterei o olhar fixo no ponto luminoso que vislumbro no final dessa subida. Ele está em mim, para me ajudar.

Renunciar a si é saber dizer não! Dizendo não a si mesmo, a pessoa conseguirá dizer não às tentações exteriores e sim aos serviços que o próximo espera dela.

Renunciar a si é livrar-se dos grandes empecilhos que criam obstáculos diante de nossa união com Deus, como, por exemplo, a busca de si mesmo, o amor-próprio, o egocentrismo.

Se queres... Sim, meu Deus, aceito, quero, tudo o que quereis, sou a esposa do Crucificado! Sim, Pai!

Dia 1º de março

Unificarei todos os meus esforços em torno do grande Deus presente, de modo que *tudo* em minha vida seja a irradiação desse fogo vivo, dessa fornalha de amor.

Não dispersarei minhas forças com inquietações estéreis, desejos ou arrependimentos que possam ferir os sentimentos de meu Divino Esposo. Estarei sempre presente diante do Grande Presente. Único necessário!

Dia 9 de março

Perversidade, defeitos, falhas, nada será a única razão de viver: DEUS.

Dispensar-me-ei dia a dia a seu serviço em espírito de adoração, em espírito de reparação.

O Deus de bondade, talvez, deixar-me-á essa fraqueza por toda a vida. Então, eu aceito. Porém, se isso for uma ocasião para ofendê-lo? Será que Ele pode permitir que eu o ofenda continuamente?

Meu Deus, as forças me faltam, tende piedade de mim! Esperarei, apesar de tudo.

Dia 13 de março

Estar desapegada de tudo, sobretudo de mim mesma, para viver exclusivamente para Deus, é meu ideal.

Trabalharei porque Ele quer, como Ele quer, tanto quanto Ele quiser, mas guardarei sempre essa sede de estar interiormente com Ele, assim que meus deveres permitirem.

As criaturas que estão ao meu redor são criaturas de Deus, por isso devo respeitá-las e amá-las, mas sem me deter nelas... "Corações ao alto!"

Meu Deus, eu vos agradeço por ter dado à minha alma um guia tão seguro e santo. Dai todas as luzes necessárias para me fazer avançar mais depressa. Dai o espírito de fé, a confiança e a simplicidade e todas as qualidades necessárias para que eu aproveite bem essa imensa graça que me ofereceis.

Dia 17 de março

Na vida é preciso ter um ideal. O único meio de guardar a paz é ser sempre aquilo que se é, digam o que disserem, façam o que fizerem!

Dia 25 de março

Meditarei sobre os quatro itens assinalados:

– A santificação que é um eterno recomeçar, a obra da graça de Deus, a união de vontade e a ausência de defeitos. Manter uma espiritualidade alegre e acolhedora.

– Ler o cântico: "Louvor a Deus".

– Trabalhar com calma, confiança, sem sobrecarregar a inteligência.

– Ler "O apostolado da oração" (Père Ranière).

Dia 29 de março

Sob medida devo me interessar, humanamente, pelas coisas terrenas, pela política, pelas novas ciências do mundo.

Eu me entreguei a Deus, sacrifiquei tudo por Ele, portanto, visto minha situação, parece-me que Ele deseja que eu o encontre nas criaturas e em seu nome me interesse pelo mundo.

Meu Deus, é tão difícil manter o equilíbrio, mas eu me abandono em vós!

Dia 3 de abril

Não me entusiasmarei somente pela vida interior, manterei o autocontrole no momento presente e oferecerei tudo a Deus.

Seguirei meu caminho com retidão, sem me inquietar com a opinião dos outros a meu respeito. Só o projeto de Deus conta, por isso, agirei segundo minha consciência, obedecendo à Regra, mesmo não compreendendo um ou outro ponto. Aquilo que poderei fazer, disporei livremente, sem me deixar guiar pelo respeito humano. Agirei por amor! Caso contrário, tornar-me-ei escrava e não vale a pena.

Colocar-me-ei acima das minhas ocupações. É necessário estudar muito, porém, é um meio e não um fim. Nos momentos de grande agitação, com naturalidade vislumbrarei a hora da morte e julgarei minha vida presente com a clarividência e o desapego de alguém que se encontra diante da eternidade.

Sábado santo

Que alegria! Meu Jesus, eu vos agradeço por ter feito com que eu compreenda o verdadeiro sentido da Paixão. A Semana Santa não é um simples aniversário, é a lembrança densa de uma sublime realidade: "Deus confiou a cada homem o cuidado de seu próximo".

"No céu, deveis ter uma posteridade, porque está escrito que o rebanho do Bom Pastor não tem ovelhas estéreis" (Père Ranière).

Espiritualidade positiva e acolhedora.

Há dúvidas quanto ao que fazer para me doar às criaturas sem me dissipar; tentarei exercitar-me e, se não conseguir, então escolherei ser mais equilibrada. Afinal, o grande meio de atingir as almas está ao abrigo de todo excesso: a oração.

Não desanimarei se não conseguir ficar entre os extremos. E, quanto mais eu amar o bom Deus, mais facilmente me relacionarei com o próximo.

Dia 12 de abril

Deus é o grande sol, todos os raios nos levam ao centro. Cada alma deve seguir seu raio, aquele que lhe é destinado, ou seja, o caminho que a Providência traçou desde toda a eternidade. Meu raio deve ser o grande presente em minha alma, o Hóspede Divino. Nessa presença divina é que buscarei a coragem, a caridade para com o meu próximo, a fidelidade à tarefa cotidiana, ao meu engajamento, sobretudo, porque em sua presença compreenderei que o Amor é tudo.

Dia 21 de abril

Meu Jesus, devo dizer que vos amo. Vós já sabeis, mas tenho necessidade de repetir sempre. Obrigada por tudo, meu Deus!

Minha vida interior

Não serei alma com uma só ideia, uma só realidade.

Que minha vida seja a irradiação de um único foco, ou seja, Deus vivendo em mim.

Amar e fazer com que o Deus presente em nós seja amado.

Dia 30 de julho

Deus em mim.

Essa realidade deve ser meu caminho, o centro da minha vida para que eu possa agir, pensar, alegrar-me ou sofrer diante dessa presença.

Meu Deus, inicio meu retiro. Dai-me a graça de vos compreender no íntimo de minha alma. Ensinai-me o que desejais para que eu aprenda e, assim, possa realizar vosso plano sobre mim. Silêncio é ouvir a Deus!

Dia 31 de julho

"Sempre que uma ideia começa a tomar corpo, existe uma resolução" (Peguy).

Devo ser a alma de uma realidade e não a exclusão de todas as outras, como também devo recolher cada uma e formar a unidade.

Assim, a prática de todas as virtudes (salvo a caridade) deve servir para construir melhor esse templo vivo, a fim de aumentar o espaço para a presença divina, iniciando por amar o hóspede divino e jamais o deixar só. Quando se ama alguém, não é necessário anunciar, pois o silêncio é significativo. Quando não se tem nada a falar para Deus, deve-se calar e ouvir e, se Ele também não lhe falar, provar simplesmente seu amor, permanecendo em silêncio a seu lado.

Se a obediência me chamar para um trabalho, farei com Ele e para Ele. É muito bom trabalhar junto quando se ama, mesmo que para fazer o bem seja preciso concentração total.

Se está cansada de pensar nele, se não pode vê-lo nem sentir sua presença, não tenha medo de lhe dizer, pois Ele compreenderá. Fiel, porém, sem tensão espiritual.

Ele mesmo me dirá, aos poucos, como avançar em minha vida espiritual. O mais importante para mim é não colocar obstáculo.

Diante das criaturas, que atitude devo tomar? Por vocação particular, devo ser consumida pelo Amor de Deus?

Servir-me das criaturas animadas e inanimadas na medida em que me levam ou me ajudam a amar a Deus. Instintivamente somos atraídos pelas criaturas que nos parecem agradáveis, simpáticas e, também, levados a nos desviar daquelas que nos fazem sofrer, mas é o instinto que nos leva a isso e não a conduta de uma criatura livre, cuja única razão de ser é amar o Criador.

"Considerar todas as coisas sob a perspectiva da eternidade e considerar todas as coisas tendo em vista o amor", diz Spinoza.

Minha vocação é o amor, trabalhar por amor, sofrer por amor, amar por amor... O amor não tem razões, motivos, cálculos. "O amor é essencialmente uma fraqueza, uma preferência" (P. Fievez).

Dia 2 de agosto

Nosso Senhor Jesus Cristo está presente em minha alma, enquanto segunda pessoa da Trindade. Portanto, Ele também é *objeto* do meu amor, por isso, a meu ver não é coerente dizer: "Ajudar Jesus a ornamentar, preparar templos para seu Pai".

Será que devo, então, realizar sozinha essa missão? Devo sozinha amar a Deus?

Como pessoa humana, não poderei convenientemente amar um Deus. Ele só poderá apreciar meu amor, à medida que o próprio Cristo o amar em mim.

Ora, Cristo continua sua vida humana em cada um de nós, em cada um dos seus membros. Minhas ações, pensamentos e sentimentos devem-se dirigir a Cristo. Quanto a mim, não colocarei nenhum obstáculo. Isso não é um dogma, representa, porém, o sentimento de todos os santos.

Se considerarmos a *vida de Jesus* na terra, o que Ele fez? Ensinou, sofreu, rezou etc. Mas tudo isso são manifestações de sua única ocupação, isto é, o amor do Pai, amor de onde jorra o Espírito Santo. Então, se o Cristo continua *sua vida* em mim, é porque Ele continua como Verbo a amar seu Pai em mim.

Continuamente, "Todo mistério da geração do Verbo e da inspiração do amor se opera silenciosamente nas profundezas da alma. A alma é introduzida na família da Trindade para aí viver como o Pai, o Verbo, o amor e consumir-se na mesma luz e no mesmo amor com eles, na Trindade" (Documento espiritual de L. Lelis, p. 94).

Assim, mesmo se a Santa Igreja vive um dia a veracidade desse prolongamento da vida humana *de Cristo* em cada um de seus membros, isso não muda em nada o amor que Cristo manifesta *por meio de nós*, enquanto Verbo, ao seu Pai.

Já não sou eu que amo, é o Cristo que ama em mim. Na mesma medida em que permito ao Cristo *viver* em mim, quer dizer, amar em mim, nessa mesma medida o Pai, voltando-se para mim, gozará do meu amor, porque será o amor de seu próprio Filho.

Nos momentos de desânimo, de impotência... não importa que o meu amor esteja abalado, mergulharei nesse oceano de amor que, no fundo de minha alma, jorra do Pai ao Filho e do Filho ao Pai.

Dia 4 de agosto

A caridade para com o próximo deve ser para mim uma contínua ocupação. A partir disso, saberei proporcionar alegria, buscar a felicidade dos outros de maneira desinteressada. Amando meu próximo estarei amando a Deus, portanto, não há limite. Viver pelos outros é viver para Deus, doar-se sem cálculos; ter e ser é doar-se a Deus.

Meu próximo é um templo vivo onde Deus habita. Ele está presente lá ... respeito, deferência. Às vezes, as paredes desses templos parecem espessas e dificilmente permitem perceber a divindade. Então, o que acontece? Ele está lá. É importante mostrar-lhe que o amo muito, que vislumbro sua presença mesmo não conseguindo vê-lo.

Dia 5 de agosto

Meu desânimo frequente provém da falta de fé nessa presença admirável que é minha grande força, decido, então, repetir conscientemente e com toda a minha alma este ensinamento: meu Deus, creio na vossa presença em minha alma.

Assim, esclareço que minha única resolução do retiro será essa. É preciso crer, apesar das decepções, dúvidas, cansaço, fraquezas, faltas, que o Deus de bondade dirá: "Ela estava inquebrantável em sua fé, como se tivesse visto o Invisível".

Viverei essa união profunda no Deus presente como Cônega, como religiosa ativa e não puramente contemplativa. Certamente é mais difícil, porém, não me sentirei derrotada pela dificuldade porque, durante a caminhada, Ele mesmo me dirá como fazer.

Serei muito fiel e atenta nos momentos de oração... pouco a pouco, Ele me ensinará a trabalhar com Ele, quer dizer, pensando em sua presença, a atividade que me pede não será um obstáculo. Ele estará sempre perto e não me deixará mais. É um dom que deve ser desejado. É o ideal vivido por Nosso Senhor na terra.

Amar é estar com Aquele que se ama!

1940

Logo que Maria Celeste terminou o ano canônico do noviciado, foi enviada a Louvain para cursar a Faculdade de Filosofia e Letras Neolatinas. Mas, com o início da guerra, em 1940, suas superioras preferiram que retornasse ao Brasil e concluísse seu doutorado na Faculdade "Sedes Sapientiae", que pertencia à Congregação, em São Paulo. Na mesma faculdade tornar-se-á professora de Crítica histórica e de Latim; História e Religião, no curso colegial.

Foi um tempo de desafios, buscas, questionamentos e entrega confiante ao Pai. Percebia-se cada vez mais chamada a dedicar toda sua vida a Deus Uno e Trino e a revelar seu amor e ternura para todas as pessoas. Queria que as pessoas conhecessem a Trindade e vivenciassem o Mistério da Inabitação. Desejava que seus irmãos e irmãs experimentassem o amor terno e profundo do Pai, do Filho e do Espírito Santo. Entremos em contato com sua experiência vivida nesse tempo.

Dia 10 de setembro

Guerra! Desde o dia 3.

Enquanto tantos homens sofrem, morrem... enquanto tantas famílias desamparadas sofrem com o luto, na miséria... estou ao abrigo de todo perigo, em minha silenciosa cela.[1] Mas, em mim,

---

[1] "Cela": expressão usada nos Conventos da época, que significa "pequeno quarto".

sinto a guerra, isto é, sensação de *paz armada*. Esse episódio em minha vida deve ser como um grande impulso para a santidade, com isso, tomarei parte na luta, fazendo generosamente meus deveres de religiosa e de estudante. Quanto mais generosa, mais me santificarei e serei ativa nessa ajuda que desejo dar aos que combatem, aos que sofrem nos campos de batalha.

Meu Deus, a uns e outros dai força moral para se manterem durante o combate, mesmo que seja por longo tempo. Dai força física para resistirem a todas as privações que enfrentarem.

Sofri muito com o sacrifício que pedistes a mim, pessoalmente. *Aceitai, Pai Santo, como hóstia imaculada o meu sacrifício e o meu SIM!*

Dia 14 de setembro

A verdadeira ciência é a do amor de Deus. Todas as ciências humanas são parcelas, aproximações, *meios* para chegar perto da *verdadeira* ciência.

Sinto meu ser dividido em direções contrárias. A causa é o desejo humano de perfeição. Dessa forma, gostaria de atingir a perfeição em todos os domínios. O orgulho e a vaidade. Desejar a perfeição para me aproximar ainda mais do Deus de bondade, nesse caso, essa perfeição deve vir de dentro e não ser tanto exterior, preocupada com o que agrada os homens!

Deus vê, sobretudo, o interior e pelo interior deve-se começar.

O estudo é somente um meio, assim, não devo sacrificar a humildade, a paz de minha alma, a caridade a minha volta.

Pobre, pequena, fraca, meneada pelo vento (...) não buscar em torno de si esse equilíbrio que lhe falta... buscá-lo em si, recolher-se no fundo de sua alma, pois encontrará aquele que é sempre o mesmo (...) unir-se a Ele... e, então, colocar em suas mãos a boa vontade humilde e fiel. Precisarei de seu poder infinito para chegar ao porto.

Pai onipotente, junto ao vosso, o meu sacrifício e meu *fiat* pela paz!

Dia 15 de setembro

Cada vez que ideias contrárias vêm abalar as disposições a que me propus inicialmente, não me deixarei levar. Sob o olhar de Deus, eu as examinarei antes de adotá-las ou rejeitá-las, de forma parcial ou integralmente. Com tempo e paciência, chegarei a esse equilíbrio relativo que devo atingir até terminar minha formação.

Festa das Sete Dores da Santíssima Virgem

"Vede se há dor, dor semelhante a minha."

O sofrimento crucial é o do coração!

"Os oferecimentos do coração" segundo Mauriac (...) esse sofrimento Nosso Senhor prodigalizou a sua Mãe. Maria não deve ter conhecido os sofrimentos físicos nem os da alma: remorso, medo, tentações contra a fé etc., mas dos sofrimentos do coração ela não foi poupada. Esse sofrimento Deus reserva àqueles que aspiram à perfeição, ao amor exclusivo a Deus!

Dia 6 de outubro

Hoje, à tarde, partirei. Deixo definitivamente Louvain. Quantas graças recebi no decorrer desses quatro anos de estudos;

luzes intelectuais e, principalmente, benefícios espirituais. Obrigada por tudo, meu Deus!

Agora, começo a enfrentar o desconhecido. Meu coração está apertado, mas confio em vós. Ireis junto, meu Deus, eu vos levo comigo, no âmago de minha alma. Vós sois o melhor dos pais, meu colaborador, meu amigo íntimo, a quem pude recorrer em todos os momentos, sempre disponível a perdoar, consolar, encorajar.

Deus é ternura imensa!

Medos? Sofrimentos? O bom Deus não os enviará sem dar ao mesmo tempo as graças necessárias para suportá-los.

No dia 21 de setembro coloquei-me à disposição de Deus para sua maior glória e pela paz. Agora, deixarei que Ele aja como quiser.

Meu Deus, ensinai-me como vos amar *verdadeiramente*.

Dia 12 de outubro

Como o exílio parece longo. Paciência, esse sofrimento, esse vazio é obra do Amor purificando nossas almas. É Jesus, Ele que está tão perto, em nós; desfrutarei de sua fé e de seu amor. O grande amigo, o confidente de todas as horas.

Nossas mais legítimas afeições devem ser purificadas, e essa purificação pode arrancar lágrimas de sangue, mas somente a esse preço elas nos levam a Deus!

Dia 24 de outubro

Quando se tem por única *missão amar a Deus e fazê-lo amado*, é preciso enfrentar desapegos, bem penosos à natureza e ao coração humano. Deus é o mais ciumento dos esposos. Amar a Deus por Deus.

Dia 29 de outubro
Festa de Cristo Rei

Com a ajuda do Pai, achei que deveria sacrificar tudo, temendo um apego muito humano. Nossa madre me deu esclarecimentos. Meu Deus, eu vos agradeço por ter me dado esse apoio. Aceitarei essa reparação imposta pela Providência e pedirei ao Deus de bondade que assim purifique tudo que existe de muito humano em mim.

No Brasil

Em 1940 Maria Celeste se encontra de volta ao Brasil como religiosa das Cônegas de Santo Agostinho. Embora tenha estima e gratidão por essa Congregação, Maria Celeste não se identifica com seu carisma. Vê como positiva sua permanência ali, como um caminho que a Trindade escolheu em preparação à nova missão que a esperava e que foi concretizada em 1946: a Fundação da Congregação das Servas da Santíssima Trindade. Foram cinco anos de preparação e discernimento, buscando a vontade do Pai. Encontra-se em seus escritos o seguinte: "O tipo de Congregação (magistério para meninas ricas) não me atraía, mas foi a Congregação para a qual tive licença paterna para entrar, pelo fato de já ter lá uma de minhas irmãs; e eu estava decidida a deixar o mundo e suas vaidades o mais depressa possível, pois via claramente que só o absoluto de Deus podia preencher minha vida. E, de outro lado, tendo visitado outras Congregações, convenci-me de que o ideal trinitário com o qual sonhava não existia em nenhum lugar" (este texto foi copiado literalmente dos "dados biográficos", escritos por ela). Conhecendo esse seu escrito, entenderemos toda a sua luta interior e sua busca em ser fiel à sua vocação trinitária, que descreve em seu diário: "amar e fazer amar o Hóspede divino de nossa alma". Sabemos que Ir. Maria Celeste partiu de Louvain, Bélgica, para o Brasil, na tarde do dia 6 de outubro de 1940, mas não encontramos a data exata que chegou em São Paulo, pois voltou de navio. Sabemos que uma viagem desta durava muito dias. Mas após sua chegada, encontra--se em seu diário este lindo escrito:

"Minha primeira semana de 'religiosa educadora' está termi-nada... será preciso uma paciência infinita com as meninas, como a que Nosso Senhor tem comigo. Recomeçar sempre... Je-sus, o Senhor que é o melhor dos educadores, venha trabalhar em meu lugar... eu só quero ser instrumento em suas mãos di-vinas... Eu aceito decepções, fadigas, consolações... tudo quanto o Senhor quiser me enviar... dai-me, em troca, poder comuni-car a essas almas um amor ardente pelo Senhor... E a minha missão: amar, fazer amar o Hóspede divino de nossa alma.

Dia 30 de junho

Retiro do mês

Resolução a tomar: ser fiel à oração. Não faltar a nenhum exercício do regulamento, sem absoluta necessidade: no resto do dia viver no maior recolhimento compatível com meus de-veres de estado.

A oração é a fonte única de um apostolado fecundo: "Les-secrets d'um apostolat feconde se puirentlieu plus ou pied Du Crucifx que dans Le deploiement de brilhantes qualites" (St.

Bonaventure). Nosso Senhor deve estimar, em mim, um apostolado: ficar bem unida a Ele. Ser um instrumento dócil, isto é, trabalhar quanto Ele quiser, nos encargos por Ele determinados. O resto é amor-próprio... mortificar as preocupações e pensamentos inúteis a fim de permitir ao divino Mestre que continue em mim sua união profunda ao Pai! Santificar cada ocupação, cada instante de meu dia, pois tenho uma forte impressão de que terei pouco tempo neste mundo para amar Nosso Senhor.

Agora não receio mais morrer jovem e chegar ao céu sem méritos: Nosso Senhor me faz compreender que Ele não precisa de meus méritos, mas só de meu amor. No céu eu o amarei tão mais perfeitamente do que aqui!

Agosto

Retiro preparatório à renovação de meus votos
(Pe. Dainese, sj)

Durante esse mês grandes negligências.

Resolução: evitar todo pensamento profano depois da oração da noite (ponto do exame particular). Isso para que Deus possa ocupar minha inteligência e abrasar minha vontade. É isso a vida interior.

Meu ideal: ser uma perfeita esposa de Jesus para conquistar-lhe todos os corações!

Pedi essa graça dia 15. Até lá tomar os santos votos como assunto de meditação.

Obediência! Não somos nós mesmos que deveremos escolher nossa missão nesta terra. Desapegar-me de minha própria vontade. A medida de minha pureza será a medida de minha santidade.

Resolução positiva: santificação do momento presente: "Deus presente no momento presente".

– Lutar contra o orgulho, não me desculpando nunca.

– Lutar contra as sensibilidades, não permitindo sonhos inúteis que, inofensivos a princípio, acabam arrastando a alma enfraquecida para pensamentos indignos de uma religiosa.

Penúltimo dia: "Glorificar a Deus presente em nosso corpo". Nosso Senhor dedicou-se inteiramente, corpo e alma, à sua missão, mais do que nunca Deus me fez a graça de compreender que a mim também Ele confiou uma missão sublime: fazer conhecer, amar, honrar a presença de Deus em nós.

Deus em nós! Que mistério sublime!

Nos momentos de desânimo, mesmo depois de uma falta, não ficar mergulhada nessas ideias sombrias, mas reconhecer meu nada desaparecer nessa adoração profunda em que se acham todos os anjos, todos os santos, em torno de mim, diante daquele que os céus não podem conter e que veio habitar minha alma, toda alma em estado de graça.

Procurar cumprir minha missão, em primeiro lugar, vivendo eu mesma intensamente, isto é:

1) Tratando com dignidade e respeito meu corpo, templo vivo de Deus, e vigiando principalmente minha posição. Isso farei tanto mais facilmente quanto mais viva for minha fé.

2) Nos momentos em que minha inteligência não estiver aplicada em algum trabalho de meu estado, unir-me diretamente a esse Deus que se digna a procurar minha companhia.

3) Mas, quando meus deveres exigirem que concentre minha atenção em outras tarefas, então, sem tristeza, alegremente deixarei meu divino Hóspede para encontrá-lo nesse dever que me chama.

É nisto que consiste a prática de minha resolução: Deus presente pelo momento presente. A verdadeira união a Deus consiste na união à vontade de Deus manifestada pelo dever de cada momento.

– Em segundo lugar, devo procurar chamar a atenção das almas que Nosso Senhor me confiar.

– Sobre essa habitação divina. Discretamente, lembrando-me de que Deus não chama todas as almas pelo mesmo caminho, e que o exemplo vivo vale mais do que palavras passageiras.

– Na medida do possível, quando puder trabalhar manualmente, escolher de preferência os trabalhos para as igrejas!

"

Meu Deus, vós sois o encanto
de minha vida!

"

1941

Maria Celeste, mulher sedenta, busca com retidão e sinceridade o que a Trindade quer e lhe pede. Vê nos desafios e sofrimentos, nos acontecimentos contrários à sua vontade pessoal, um caminho para sua purificação e santificação, para que toda sua vida seja reveladora do amor da Trindade. Abandona-se confiante nas mãos do Pai quando não compreende o que está acontecendo. A solidão interior, o silêncio de Deus é penoso, mas nada faz recuar a jovem Celeste de seu contato e intimidade com o "Hóspede" de sua alma.

Aqui está seu grande segredo: sabe ler os "sinais" e perceber os "toques" do amado nos limites e fragilidades de seu cotidiano. Sempre com mais clareza percebe que sua vocação e missão é AMAR e que tudo o mais é relativo e está num segundo plano.

Dia 19 de fevereiro

Viver no mais completo abandono mesmo quanto à minha santificação: Para x parte. Nosso Senhor é o mais interessado, Ele arranjará tudo. Pode ser que Ele me faça entrar novamente naquele período de isolamento interior tão penoso! Seja feita em tudo sua santíssima vontade.

Concentrar todas as minhas forças nesse contato com Deus em mim, nesse contato que esgota o corpo fraco demais para uma intimidade com Deus. Mas esse sofrimento não é razão para se subtrair a um contato.

Não me atormento se aos olhos dos outros tenho reputação de ser distraída. E o contato com Deus vale bem essa humilhação, mesmo que o recolhimento me tire ocasiões de atos de caridade que eu poderia fazer se estivesse mais atenta ao que se passa em volta de mim. É o caso de Marta e de Maria! Quando Nosso Senhor chama, é preciso agradecê-lo e segui-lo, todo o resto não importa.

Dia 6 de março

Quanto à questão de estado de graça, não me devo preocupar com isso. É uma lei psicológica que uma mudança tão brusca na disposição de minha vontade para com Deus torne impossível que eu continue a comungar. Mas nem mesmo me acusou disso na confissão. Esse ato contínuo de obediência heroica será abençoado por Deus.

– A contemplação é uma operação dolorosa e exaustiva. É natural esse meu desejo de "esquecer" um pouco de Deus, mas esse caráter doloroso não é uma razão para procurar esquivar-me, ao contrário.

São João da Cruz diz que é necessário sofrer muito para chegar a essa união interior com Deus, à qual eu aspiro.

Para as almas que Deus quer aproximar muito dele, muitas vezes, ele dá esse sentimento horrível de isolamento interior. Abandonar-me inteiramente nas mãos de Deus! Nosso Senhor cuida de nós! No começo (depois da partida do Pe. S.) não me inquietar em procurar outro diretor; depois de duas, três vezes continuar no meu caminho; o sacerdote que Ele escolheu para me servir de guia, para me ajudar a santificar sem desperdiçar as graças divinas.

– Eu devo seguir a inspiração de Deus e dividir a semana entre as três pessoas da Santíssima Trindade: Espírito Santo, Deus Filho, Deus Pai:

a) Segunda e terça-feira (Espírito Santo);

b) Quarta e quinta-feira (Nosso Senhor);

c) Sexta e sábado (Pai).

A partir de sábado à tarde, começar a preparação do domingo, festa da Santíssima Trindade.

Dia 15 de maio

Diretivas do padre:

– continuar a reservar a noite para Nosso Senhor. Eu posso conversar com Ele sobre meus trabalhos, dificuldades etc., mas não pensar nelas em si;

– fazer-me presente nos recreios durante uns 15 minutos, para, depois, poder ir trabalhar. Pois sou religiosa educadora, tenho obrigação de estudar, de preparar bem minhas aulas.

Quanto à vida cristã, tudo ou nada! Procuramos trabalhar para reconquistar a vida cristã integral de antigamente. Nossos inimigos estão trabalhando desde o Renascimento, nós também precisamos agir com perseverança, ainda que atualmente tudo pareça um fracasso!

Dia 15 de agosto

Ontem, dia de minha festa, pedi dois presentes a Nosso Senhor. À tarde Ele me concedeu um deles (diretor espiritual), e ao meio-dia ele me fez compreender mais vivamente uma realidade que me inundou de alegria: disse-me que, quando eu estiver no céu, mais tarde, serei sua hóspede e Ele, então, porá em ação todo o seu poder para tornar-me feliz. Por enquanto, a Santíssima Trindade é minha Hóspede e devo concentrar todo o meu esforço em proporcionar-lhe um pequeno "céu" no fundo de minha alma.

Creio que no fim do mês será colocada a "primeira pedra" do curso superior de religião. Graças a Deus!

Dia 4 de outubro

O curso de religião está fundado e abençoado por Nosso Senhor. Ele custou-me tantas contrariedades e desinteligências humanas! Toda obra feita pelos homens conserva um caráter frágil, humano, imperfeito. Mas Deus se compraz em utilizar, para sua glória, instrumentos deficientes.

Estou com vontade de fundar uma biblioteca para moças e crianças pobres.

Achei uma colaboradora para trabalhar comigo com o mesmo ideal: "Formar templos vivos". Graças a Deus!

Dia 1º de novembro

Festa de Todos os Santos.

O amor conduz à imitação. Imitar a Santíssima Trindade é:

1) velar com grande cuidado pela pureza do templo de Deus;

2) com o auxílio e colaboração do Espírito Santo, procurar esboçar em minha alma reflexos das virtudes que existem em Deus. Retiro de 1941 (Pe. Charles, sj).

O retiro não deve ser um belo parêntese aberto no fim do ano, para depois recomeçar a mesma vida de antes. É apenas um tempo de repouso absoluto junto de Nosso Senhor; um tempo em que livre de todo comércio com as criaturas, livre de todos os encargos e das preocupações terrestres, eu posso viver antecipadamente a vida do céu: só Deus!

Nesse contato mais íntimo com Deus, procurar quais as causas, ocasiões etc. que mais me afastam dele durante o ano: quais os seus desejos a meu respeito, quais os seus desejos secretos... interpretar o seu silêncio...!

Minha vocação é amar! O resto tudo deve estar subordinado a essa obsessão: minha santificação, meu apostolado, tudo deve passar para segundo plano. Se eu morrer muito imperfeita, cheia de defeitos e fraquezas... do momento em que o amor de Deus constitui a dolorosa e sublime preocupação de minha vida, tudo isso pouco importa; devo provar meu amor pela minha boa vontade e não por vitórias.

Sempre senti que o coração é o tudo, e os maiores sofrimentos de minha vida sempre tiveram nele sua origem desde o tempo do colégio... Até hoje nunca consegui amar profundamente uma criatura em que Nosso Senhor tenha, mais cedo ou mais tarde, efetuado a separação; e, contudo, estou convencida do grande apoio que nos pode trazer a afeição confiante, sincera, de uma pessoa amiga a quem possamos abrir todos os recantos de nossa alma. Nosso Senhor teve seus amigos nesta terra. Parece-me que agora encontrei alguém (F.E.)[2] que me possa ajudar a dar meu máximo a Nosso Senhor, mas nem ouso crer...

Meu Deus, se, por acaso, é vosso desejo que, vivendo no meio das criaturas, eu não sinta o apoio de nenhuma delas,

---

[2]   É abreviatura de Frei Emílio Wienk, da Ordem dos Carmelitas, foi seu orientador espiritual durante muitos anos e um grande amigo.

"Faça-se a tua vontade"; faço desde já o oferecimento doloroso desse isolamento espiritual e da privação desse estimulante na luta por vós; é meu coração que pedis, e não minha perfeição. Mas se, por acaso, depois de me terdes feito sofrer tanto tempo o isolamento espiritual, para melhor me desapegar das criaturas... se agora essa misericórdia me propõe um guia que me inspira toda confiança e que me pode ajudar a me unir cada vez mais a vós... então desde já vos agradeço profundamente.

Dia 18 de novembro

O amor é essencialmente um estado habitual de nossa alma que nos arrasta, com exigências, a uma fusão cada vez mais íntima de todo o nosso ser com o objeto de nosso amor. De todo o nosso ser, isto é, de nosso corpo e de nossa alma. Foi justamente para satisfazer a essa exigência profunda da natureza humana que nosso Senhor instituiu a Eucaristia, em que a fusão dos corpos atinge a unidade perfeita.

Parece-me que a dificuldade que as almas encontram em amar a Deus reside justamente no caráter "insensível" de seu amor. Elas imaginam Deus como um ente amável, mas unicamente pela inteligência e pela vontade... Parece-me que, com o intuito de consolar as almas da aridez espiritual, os autores acentuam muito a distinção entre "vontade" e "sensibilidade". Resultado: como não podemos desfazer-nos inteiramente da necessidade de afeição que reclama nossa sensibilidade, procuramos satisfazer a esta nas criaturas, e para Deus reservamos um amor de razão, frio, platônico...

Nosso Senhor, atualmente, tem também uma natureza humana como a nossa, logo efetivamente Ele tem necessidade de ser amado segundo as exigências da natureza humana. Devo-lhe humanamente as manifestações de meu amor, principalmente no momento da comunhão, ação de graças e nos dois dias da semana que lhe são especialmente consagrados. Amá-lo não só como a um Deus puramente espiritual, mas como a um esposo infinitamente perfeito; uma pessoa, quanto mais pura for, tanto mais sensível e delicada; em Nosso Senhor essa perfeição da sensibilidade atinge o infinito; amá-lo como a uma "Pessoa Viva", sempre presente, que se interessa por todos os detalhes da minha vida humana, a quem nada é indiferente: ordem da cela, que é o santuário íntimo de nosso amor, onde posso amá-lo sem mais me preocupar com meus encargos e com as criaturas que me são confiadas; velar pelo meu exterior, posição etc.... santificar o beijo, tão profano hoje em dia, beijando com respeito e amor meu crucifixo; não é Ele, mas é como se fosse sua fotografia. Velar pela expressão de minha fisionomia, principalmente quando seu grande amor se vê obrigado a me enviar pequenas contrariedades: saber sorrir ao meu crucifixo, mesmo se este se misturar com lágrimas, para não o contristar. Mesmo uma flor, que de vez em quando eu lhe ofereça, lhe dará prazer. O amor exige essas pequenas delicadezas. Minha missão é amar, unicamente amar!

Dia 19 novembro

Resolução de retiro: a mesma do ano passado – oferecer cada ato de meu dia a Santíssima Trindade. Minha atitude, em sua presença, deve ser a de uma profunda e afetiva adoração. Como os meus deveres de estado não me permitem a contemplação contínua, substituir a homenagem de minha contemplação direta pelo oferecimento das ações que Deus me pede: deixar Deus por Deus.

Meu Deus, não quero duvidar de vossa misericórdia, mas tenho a impressão horrível de que toda a minha vida espiritual está baseada numa contínua ilusão. Tudo quanto é terrestre me cansa: sermões, livros espirituais, exercícios espirituais... só sinto uma sede devoradora de vós, de me unir a vós face a face! Os livros de mística dizem coisas muito bonitas e consoladoras sobre esses estados de alma, mas então se trata de almas muito santas, que já passaram por provações fortíssimas e já vos deram provas de sua generosidade. Ao passo que estou começando agora a vos amar, ainda não sofri muito e sou tão pouco generosa e mortificada. Quem sabe tudo isso é apenas uma grande moleza e preguiça espiritual. Então, o que fiz de minha vida até agora?

Meu Deus, se até hoje vivi na ilusão, esclarecei-me, arrancai-me desse estado pela voz de meus superiores, mas não permitais que eu continue a perder meu tempo!

1942

Maria Celeste percebe, no seu dia a dia, crescer seu chamado não só de viver uma vida mais contemplativa e dedicada à intimidade com a Trindade, como também de fazer das suas atividades e trabalhos como educadora uma generosa entrega para a glória da Trindade.

Na resolução de seu retiro (19 de novembro de 1941) expressa sua inquietação e seu desejo de viver diante da Trindade, escrevendo: "Minha atitude em sua presença deve ser a de uma profunda e afetiva adoração". Nem sempre isso é possível. Mas o importante é não perder o "encanto" e o horizonte da vida em Deus e por Deus só.

Nesse ano de 1942, com a licença de seu orientador espiritual, Maria Celeste faz um voto especial de consagrar toda sua vida à glorificação da Santíssima Trindade e à difusão de seu culto.

Dia 25 de janeiro

Conversão de São Paulo

Meu Deus, vós sois o encanto de minha vida! Nosso Senhor me fez compreender hoje uma verdade que muito me consolou: não devo mais ficar triste se minha atenção é incapaz de se fixar em Nosso Senhor durante todo o tempo de minha ação de graças. O alimento age em nosso organismo independentemente de nossa atenção. Nosso Senhor vem como o alimento substancial de nossa alma, na hora da comunhão; é o momento em que Ele quer agir especialmente em minha alma, e Ele o faz independentemente de minha atenção consciente. A única coisa que Ele me pede é o desejo! Não fazer questão de falar com Ele nesse momento, nem de que Ele fale comigo. Abandonar-me num silêncio de amor e respeito, entre as mãos do divino Operário... Para conversar com Ele, eu tenho o resto do dia, principalmente à noite, antes do sono! *Jesus, eu vos amo tanto!*

Dia 3 de abril – Sexta-feira Santa

Meu Deus, que na vossa infinita misericórdia dignais habitar, dia e noite, no mais íntimo de meu ser, transformando assim minha existência num céu antecipado, concedei-me a graça de desaparecer a mim mesma, a fim de que minha existência seja inteiramente consagrada à missão que me confiastes; que o amor divino abrase e consuma todo o meu ser, a fim de que em mim só haja vós, e que cada ato de minha existência seja para vós uma oferta do vosso próprio amor.

Continuar a recitar essa oração todas as manhãs, a fim de que já os primeiros instantes de meu dia estejam profundamente mergulhados na Santíssima Trindade, como uma esponja embebida num oceano imenso!

Logo que a licença me for concedida, acrescentarei essa oração à fórmula do voto, estreitando os laços que me unem a Trindade. Despreocupar-me de tudo o que constitui a trama "acidental" de minha vida: trabalho, sofrimentos físicos ou morais, preocupação quanto ao futuro, quanto às possibilidades de apostolado entre as estudantes etc. Abandonar tudo isso nas mãos do Pai que vela por seus filhos...

O essencial para mim é a atenção constante de amar e adorar a Trindade Santíssima presente em minha alma, e procurar comunicar esse céu antecipado ao maior número possível de almas. Essa é a minha missão, nesta terra e também na eternidade.

Jesus, neste dia em que comemoramos os mistérios de vosso amor provado até a morte na cruz, eu vos agradeço de maneira toda especial pelo benefício imenso que vossa morte obteve para os homens: a vida divina, já neste mundo.

Dia 16 de maio

A festa da Santíssima Trindade está se aproximando... tenho um desejo imenso de dar à minha oferta o valor de um voto, para consagrar-me mais profunda e exclusivamente à minha missão...

Mas será a vontade de Deus? Ou uma ilusão minha? Sou tão pecadora! Minha última confissão me provou isso. Será que tantas vezes ofendi gravemente o meu Deus? Como, então, é possível que nas outras confissões Deus tenha permitido que eu ficasse enganada? Se os representantes de Jesus Cristo não nos dão esclarecimento verdadeiro sobre nossa consciência, a quem recorrer então para se guiar nessas incertezas?

Numa das comunhões que se seguiram a minha última confissão, Jesus consolou-me um pouco... pelo menos foi minha impressão... Ele disse-me que me escolheu para trabalhar para a extensão do seu Reino na nossa alma, justamente porque sou tão fraca... assim, quanto ao apostolado, eu compreenderei melhor, por experiência própria, que os outros tenham dificuldade em manter-se em estado de graça... e quanto à minha própria alma, sua santificação será: um triunfo da misericórdia infinita de Deus!

Dia 24 de maio

Domingo de Pentecostes

O Espírito Santo é o sopro do amor de Deus. Hoje na missa pedi-lhe que viesse destruir em mim tudo quanto é desagradável à Santíssima Trindade, a fim de que no próximo domingo minha oferta seja agradável a Deus. Minha convicção é cada vez mais firme quanto à minha missão nesta terra.

Dia 7 de junho

Domingo passado, festa da Santíssima Trindade, com licença e em presença de meu diretor espiritual, fiz o voto de consagrar toda a minha vida à glorificação e à difusão do culto da Santíssima Trindade presente em nós. BEATA TRINITA!

Dia 14 de agosto

Por ser dia de minha festa, pedi a Deus vários presentes:

– o sucesso espiritual do futuro livrinho, a graça de nunca mais cair na falta habitual e ser libertada desses escrúpulos, se, por acaso, o forem...;

– a graça de trabalhar com "almas",[3] se for essa sua vontade;

– a graça de entender claramente o que devo fazer para cumprir minha missão e executar fielmente o que eu compreender.

Qualquer ato que tenha como fim a conversão, o aumento ou a recuperação da graça santificante tem mais valor que a

---

[3]   Entenda-se essa expressão como "pessoas".

criação do mundo, que todos os milagres feitos por Nosso Senhor nesta terra.

É infinito o valor de uma simples "parcela" de vida divina.

Dia 18 de dezembro

Retiro do Pe. Banart

Esse retiro está sendo para mim como uns dias de folga, em que posso esquecer todas as minhas ocupações habituais para mergulhar nas profundidades infinitas da Santíssima Trindade. Ocupar-me unicamente dos seus interesses! Sinto-me como a gotinha perdida num oceano imenso! Que felicidade se sentir uma parcela divina no seio da Divindade, e nesse céu de minha alma sinto que as Três Pessoas apoderam-se de minha inteligência e de minha vontade, associando-as às contínuas emanações da Inteligência e do Amor que constituem sua adorável Trindade.

Cada vez estou mais certa de que minha única missão nesta terra, e futuramente na outra vida, é consagrar-me unicamente à glória da Santíssima Trindade. É poder exclamar ao morrer: "O vosso zelo, Deus, me consome".

Trabalhar pela edificação de um santuário, pelo estabelecimento de uma festa ao Pai no Advento e pelo maior esplendor da festa da Santíssima Trindade, cujo futuro santuário deve ser um grande foco de irradiação...

Mas o que Deus mais aprecia são os templos vivos! Eu vos confio desde já as almas que me entregarás no próximo ano para que eu não estrague a vossa obra, mas que vós mesmo possais agir através de mim. Procurar incutir nas almas o respeito da graça santificante, do aniversário do Batismo, do sinal da cruz, realidades tão profundas que a nossa fraqueza torna banais.

A irradiação da Santíssima Trindade através de mim depende da transferência do "meu" templo... Meu Deus, vós conheceis todo o amargor que causam minhas faltas reiteradas, mas essa tristeza não deve ser enviada por vós, pois ela só serve para desanimar-me e afastar-me de vós. Por isso, peço-vos, com toda a sinceridade, a graça de morrer antes de cometer mais um único pecado mortal. Vós conheceis meu ideal, vós conheceis minha fraqueza; eu vos confio o cuidado de reconciliá-los, quanto a mim, o meu único cuidado sois vós.

Que meu amor seja puro de todo interesse pessoal e perseverante nos dias em que pareceis tão distante!

Procurar sempre o Deus das consolações e só as consolações de Deus.

1943

Ano de luzes e trevas, de certeza do que a Trindade quer, mas
"amarrada pelo voto de obediência", de grandes alegrias e consolações e consciência da pequenez e fraqueza humanas. "Senti uma
mistura de alegria intensa e de repugnância, e procurei distrair-
-me, mas veio-me então o pensamento de que, com certeza, Nosso
Senhor quis pedir essa obra de louvor ao Pai, justamente no dia
de hoje, em que devo estar inteiramente unida ao Filho na sua
glorificação do Pai".

Assim se vê Celeste: "Que importa se sou fraca, faço um só coro
com tantas almas que sabem amá-lo. E pensar que Deus faz questão do amor, do louvor desse pequenino átomo, e conta com ele
para sua glória. Só um Deus pode cometer tais loucuras!".

Mulher mística e sempre voltada para seu "grande Amor", como
discípula e peregrina do Amado tem os ouvidos do coração atentos para escutar e responder a seus apelos e toques de amor. Sabe
se sacrificar, buscar a ascese e as penitências que a identifiquem
mais com Jesus

Dia 20 de maio

Domingo da Santíssima Trindade

Meu Deus, não sei como vos agradecer por tantas graças!

Sábado, ao recitar a antífona de Laudes: "louvado, e glorificado
e superexaltado nos séculos ...", senti-me como no céu diante da

Santíssima Trindade, misturada naquele coro inúmero de anjos e santos. E que alegria cada vez que devia repetir o *Glória ao Pai, ao Filho e ao Espírito Santo!* Todo o dia de hoje passei-o nessa mesma arrebatação do meu espírito. Que felicidade se sentir tão pequenina, perdida nessa multidão. Que importa se sou fraca, faço um só coro com tantas almas que sabem amá-lo. E pensar que Deus faz questão do amor, do louvor desse pequenino átomo, e conta com ele para sua glória. Só um Deus pode cometer tais loucuras!

Pensei em terminar meu retiro assim, aos pés da Santíssima Trindade, perdida nesse abismo infinito, mas não sei, parece-me que na oração da noite compreendi ser outra a sua vontade: se não foi uma ideia minha, pareceu-me que Deus quer que eu passe esses três últimos dias com as Três Pessoas respectivamente. Com certeza, querem ensinar-me, separadamente, como devo trabalhar para a maior glória do Pai, do Filho, do Espírito Santo.

Meu Deus, minha felicidade é tão grande que cada instante receio vê-la desfazer-se. Trindade adorável, tenho tanta sede de vós, mas não permitais que eu viva de ilusões. Esclareci meu diretor, mas não permitais que eu me iluda. Abaixai-me cada vez mais na minha própria estima, para que tudo se concentre nesse santuário íntimo onde habitais.

Meu Deus, dai-me forças para gozar-vos! Meu Deus, como sois divino!

Dia 22 de maio

Em união com o Verbo

Verbo Eterno, única e verdadeira Palavra do Pai, eu vos tomo como testemunha das linhas que seguem, de todos os detalhes que relatam, testemunha diante de minha própria consciência:

Na preparação de minha união à Segunda Pessoa da Santíssima Trindade, segundo o desejo recebido domingo passado de viver os três últimos dias com cada uma das Pessoas, pensei qual deveria ser minha atitude hoje: Viver o dia presente "em honra" do Verbo? Nesse caso, unir-me à ação do Pai para, com minhas orações e sacrifícios, assegurar ao Filho toda a herança de almas que lhe prometeu. Ou, então, viver "em união" com Jesus, e, assim, todo o meu dia deveria ser um contínuo louvor ao Pai. Como domingo pareceu-me que as Três Pessoas pediam-me que passasse "com" cada uma delas o fim do retiro, optei pela segunda atitude.

Na conferência da manhã, o pregador falou sobre a disposição que deveríamos ter de nada recusar a Nosso Senhor, se sentirmos que Ele nos pede um sacrifício. Pensei muitas vezes no canto, e pedi a Nosso Senhor que desse a força para não lhe recusar esse sacrifício, caso minha superiora decida que faça parte do coro.

Depois do almoço, fui descansar na minha cela. Bastou eu fechar os olhos para que surgisse aquele pensamento sensível que já tive algumas vezes, e, por último, quando leram no martirológio a citação de São João da Matta, há alguns dias. Reagi com horror, mas ocorreu-me então a ideia de que deveria ser esse o segredo que uma das Pessoas queria me confiar, daí o pedido de domingo. Senti uma mistura de alegria intensa e de repugnância, e procurei distrair-me, mas veio-me então o pensamento de que, com certeza, Nosso Senhor quis pedir essa obra de louvor ao Pai, justamente no dia de hoje em que devo estar inteiramente unida ao Filho na sua glorificação do Pai.

Sinto uma paz profunda e abandono-me confiante entre as mãos dos Três, para ser simples instrumento de sua Providência.

Uma única coisa vos peço encarecidamente, ó meu Deus, é que não permitais que eu caia em ilusões. Narrarei o fato ao diretor, e vou procurar estreitar cada vez mais os laços de obediência que me prendem a ele e a minha superiora, e, depois de ter feito, assim, tudo quanto depende de mim, conto com vós, oh, meu Deus, para nunca me deixar enganar pelo demônio.

Resoluções de retiro: se for aprovada procurarei observar o seguinte:

1) Não omitir, por culpa própria, as meditações da manhã e da noite prescritas pela Regra.

2) Recitar com fervor especial o Glória e fazer o sinal da cruz, cada vez que estes se apresentarem no Ofício ou em outras orações.

Meios eficazes para não perder de vista o Grande Presente!

Dia 1º de junho

Preciso mudar definitivamente de vida. Sinto que a Santíssima Trindade exige dedicação cada dia mais exclusiva, mas ainda não compreendo como conseguir isso. Não consigo encontrar equilíbrio entre a vida contemplativa, ou, antes, entre a ocupação exclusiva do que diz respeito ao desempenho da minha missão e as outras ocupações inerentes ao meu estado de religiosa educadora e ensinante. Principalmente a necessidade de ler tantos romances me afasta desse recolhimento em que desejo tanto me fixar, e que, contudo, é minha obrigação de bibliotecária. Como conciliar essas coisas? Meu Deus, vós que conheceis minhas fraquezas, minha inconstância, vós escolhestes para mim essa missão a esses encargos, logo, não pode haver contradição intrínseca no desempenho dos mesmos. Esclarecei-me; fortificai-me!

Dia 13 de agosto

No seio da Santíssima Trindade, encontro a causa exemplar de toda a perfeição religiosa, especialmente dos nossos votos:

Pobreza: desapego dos bens terrenos... lá não há matéria! Desapego dos bens espirituais... Deus conhece todas as nossas necessidades e aspirações espirituais: Ele pode saciar-nos; Ele nos ama... abandonemo-nos em suas mãos!

Obediência: "O meu alimento é fazer a vontade do meu Pai..." querer com Deus o que Ele quer, como Ele quer. Não pôr de lado a nossa vontade, mas ajustá-la à de Deus, de maneira a não cruzá-la nunca.

Dia 10 de setembro

"Consumado está...". Por uma imprudência cometida, nossa madre pediu-me a renúncia total ao trabalho pela Igreja da Santíssima Trindade.

Sinto-me aniquilada, como se tivesse cortado o único fio de interesse natural que me prende à vida. Parece que Deus quer aniquilar cada vez mais tudo quanto é M. Zélia[4] em mim, a fim de apossar-se plenamente de minha alma. Tenho de abafar todas minhas aspirações, desejos, iniciativas, todo o entusiasmo vital que sinto às vezes vibrar no mais profundo do meu ser, para curvar-me sob o jugo do monótono cotidiano.

Só uma coisa é minha razão de existir: a glória da Santíssima Trindade, e para esta só posso trabalhar indiretamente... ensinando os pagãos latinos às meninas que por eles não se interessam.

---

[4] Maria Zélia era seu nome religioso na Congregação das Cônegas de Santo Agostinho.

Meu Deus, vós que sondais os corações, vós assistis aos contínuos movimentos de revolta da minha natureza rebelde, mas vós sabeis também que minha vontade quer ficar unida à vossa, aceitando todas as circunstâncias em que me colocais.

Neste mundo estou presa pela clausura, com as mãos atadas pelo voto de obediência... a inteligência limitada pela matéria, a vontade enfraquecida pelas paixões, podendo assim dificilmente cumprir minha missão. Por isso, com licença de meu diretor, no dia 8 deste mês, Festa da Natividade de Nossas Senhora, ofereci a Deus o sacrifício de minha vida, para poder trabalhar mais eficazmente no outro mundo, se tal for agradável a sua santíssima vontade.

Penitências corporais: usar o bracelete[5] desde o levantar até a primeira aula e depois dela. Esforçar-me por comer verdura e aceitar a humilhação das "exceções" no refeitório.

Dia 3 de outubro

Retiro do mês

Hoje cedo recebi luzes especiais de Deus sobre a beleza de minha vocação: gravar o culto da Santíssima Trindade nas almas! Um trabalho tão sublime só pode ser desempenhado pelo próprio Deus. Logo, meu papel exige de mim a docilidade de um lápis nas mãos de um escritor: uma união muito íntima com Deus; e, de outro lado, manter contato com as criaturas que a Providência coloca em meu caminho, a fim de que, abandonada nas mãos de Deus, possa seguir todos os impulsos do Espírito

---

[5]   "Bracelete": um instrumento de penitência em forma de pulseira que se usava no braço.

Santo e, assim como um instrumento dócil, ir gravando nas almas o ardor de sua glória.

Mas, para chegar a esse estado ideal, é preciso um abandono heroico, de todos os momentos e sobre todos os pontos: vida, morte, ocupações etc.; um lápis não faz projetos próprios, ele só se preocupa quanto ao material sobre o qual deve gravar; a mesma mão que o impulsiona, se encarrega também de lho fornecer.

Sinto que Deus exige de mim um abandono total. Para meu espírito tão amante de esquemas, quadros sinópticos e catalogações, é um sacrifício imenso viver sem prever minha vida espiritual. Mas, ao mesmo tempo, esse abandono inculca melhor nossa alma de que nada podemos por nós mesmos, mas que é Deus que faz tudo...

Santificar cada ação, cada minuto... a vida é tão breve!

Meu Deus, caso achardes que poderei trabalhar mais eficazmente por vós no outro mundo, mais do que neste, onde são tantos os limites, ofereço de bom coração o sacrifício da minha vida pelo resgate do Santo Padre, pela liberdade da Igreja Católica.

Ir. Gabriela já foi gozar de sua recompensa tão merecida. Se precisardes de uma outra vítima de amor, eis-me aqui, Senhor, à vossa disposição, com o auxílio eficaz da vossa graça.

Retiro de 1943

Domingo: dia "divino", aos pés da Santíssima Trindade. Paraíso antecipado. Antegosto do que deve ser a visão beatífica!

Segunda feira: trevas e angústias a respeito da Igreja. Dor de cabeça forte que dificulta a posse de mim mesma.

Pe. Daviti foi o instrumento usado por Nosso Senhor para afugentar o demônio; recomendou-me que fizesse o sinal da cruz cada vez que essas dúvidas me assaltarem. Voltar-me só para a Santíssima Trindade em si mesma e para meu próximo.

Exame de particular: evitar todo pensamento inútil.

Deus é amor. Em uma das orações dirigidas ao Pai, Nosso Senhor pede que o mesmo amor que o une, una também os homens entre eles. Eu que vivi da contemplação desse amor presente no fundo da minha alma, devo deixar-me abrasar por Ele e comunicá-lo assim a quantos me rodeiam. Não recuar diante dos sacrifícios que a prática dessa caridade possa apresentar-me.

Quanto ao meu pobre "eu", conservá-lo abandonado, entregue ao Deus do Amor. Não me preocupar com minhas ninharias, Deus deve ser a divina habitação da minha passagem nesta terra.

1944

Cresce a cada dia o desejo de Maria Celeste de ser toda da Trindade e de tornar a Trindade conhecida e amada por todas as pessoas. Sentindo-se limitada por exercer uma missão externa como evangelizadora, devido a seu trabalho de educadora, decide oferecer esse sacrifício como meio de difundir o culto à Santíssima Trindade: "Despojar-me de tudo, até do próprio desejo desse desapego total". E Celeste faz um voto oferecendo-se como "vítima" pela difusão do culto a Santíssima Trindade. Quer ser "consumida" pelo amor da Trindade: "Tive a ventura de oferecer a própria toalha onde devia ser consumado o sacrifício". É crescente sua certeza de estar trilhando o caminho certo: sua identificação cada vez maior com a Trindade de amor.

Domingo de Ramos

Inauguração da Paróquia da Santíssima Trindade.

Oferecimento como vítima pela difusão do culto à Santíssima Trindade.

Tive a ventura de oferecer a própria toalha onde devia ser consumado o sacrifício.[6]

---

[6]   Ao fazer o "voto oferecendo-se como vítima pela glorificação da Santíssima Trindade", ela assina a fórmula do voto com seu próprio sangue.

Dia 18 de maio

Quinta-feira – Ascensão

Recebi em testamento o coração de Jesus. Deixar-me consumir pelo amor que une as Três Pessoas Divinas.

Muito silêncio interior! O próprio zelo pela difusão do culto da Santíssima Trindade não deve distrair-me da contemplação do Hóspede silencioso. Minha influência sobre as almas está em razão direta de minha união com Ele. A atividade externa é apenas um instrumento, eficaz, mas utilizável só na medida da vontade divina.

Silêncio de todas as potências da alma, de todo o "eu" insignificante, numa adoração contínua de meu Deus. Despojar-me de tudo, até do próprio desejo desse desapego total.

Semana trinitária

Glorificação do Espírito Santo:

– Segunda-feira: pela Igreja militante, especialmente pelo papa e os agonizantes.

– Terça-feira: pelo apostolado dos missionários.

Glorificação do Filho:

– Quarta-feira: pela conversão dos pecadores.

– Quinta-feira: pela libertação das almas do purgatório.

Glorificação do Pai:

– Sexta-feira: pelo ministério sacerdotal e pelo apostolado das almas consagradas a Deus.

– Sábado: pela união com Nossa Senhora.

Glorificação da Santíssima Trindade:

– Domingo: pela união direta com as Três Pessoas Divinas.

Dia 15 de agosto

Renovei meus votos religiosos assim como o de consagração de toda a minha atividade e o próprio sacrifício de minha vida à glorificação da Santíssima Trindade. Deus me fez compreender, nesse retiro, que não devo aceitar mais nenhum ato, palavra, desejo ou pensamento que não tenha ligação com minha missão.

Retiro de 1944

Há vários dias que, de novo, envolvem-me as trevas da incerteza do estado de graça, do desânimo profundo. Minha vida está criada de contradições, e não vejo meio algum, em meu poder, para remediá-las. Peco contra Deus, com a maior negligência, quando minutos antes cogitava sobre a união transformante com a Santíssima Trindade.

Tenho supremo desapego da "montanha do Carmelo" e não sei privar-me de nada.

O ensino me inspira cada vez mais repulsa, e estou numa Congregação de religiosas educadoras. E todos me asseguram que estou no caminho a mim destinado por Deus. Estou numa escuridão medonha. O cansaço físico me desanima ainda mais...

Meu Deus, eu desejo fazer um bom retiro, mas só sinto incapacidade de minha parte. Agi vós, com toda a eficácia, e não permitais que esses dias sejam infrutíferos. Já que o vosso amor me deixa tão feia, mostrai-me o lugar que me está destinado no inferno. Quem sabe o receio abalará minha indolência!

"Do mais profundo clamo a vós, Senhor! Não me abandoneis."

Domingo de *Gaudete*: festa do Pai!

Missa cantada, com paramentos cor-de-rosa, símbolo da alegria! Tive a impressão de que a festa do Pai já estava oficializada e que todos já sabiam, tal a atmosfera festiva que reinava! Que emoção ao ouvir o prefácio da Santíssima Trindade!

Depois da missa, pensei em falar com Frei Emílio para lhe remeter o dom recebido para a Igreja e regozijarmos juntos dessa primeira festa do Pai. Mas achei que não havia motivo suficiente para quebrar o silêncio sagrado do retiro e preferi oferecer ao Pai também o sacrifício dessa pequena consolação. Vou preparar minha confissão geral para renovar minha alma.

Tenho certeza de estar no caminho certo: identificação cada vez mais total com a Santíssima Trindade. Mas devo procurar novas trilhas, evitar os sulcos profundos cavados pela rotina, pelo hábito.

Dia 18 de agosto

Fiz minha confissão geral e obtive licença para renovar, no próximo domingo, minha oferta como vítima para a glória da Santíssima Trindade.

Resolução do retiro:

– *Geral:* não permitir nenhum ato, palavra ou pensamento que não seja, direta ou indiretamente, para a glória da Santíssima Trindade.

– *Particular:* obediência pronta ao sino.

Foi-me recomendada perfeita observância, até as mínimas regrinhas. É o meio que Nosso Senhor põe ao meu dispor para lhe provar meu amor e chegar à mais alta perfeição. A união transformante só pode ser atingida no fim da vida. Não se preocupar com a realização desse desejo. Se Nosso Senhor não a destina para mim, ter mais essa generosidade de submeter-se completamente à vontade divina nos momentos da tentação habitual. Logo no começo, enquanto estou em plena posse de mim mesma, desmascará-la dessa neblina que a envolve e a torna sedutora. Pois em sua realidade cria essas coisas que me repugnam.

Dia 19 de agosto

"Que eles sejam um conosco, assim como vós e eu somos um" (Evangelho).

Mas, para que possamos ser soldados em Deus, é preciso haver perfeita pureza. Aproveitar, enquanto estou neste mundo, de todos os meios que a misericórdia divina coloca em minhas mãos para purificar-me: sacramentos, sacramentais, meus superiores, meu próximo, meu dever, sofrimentos físicos e as grandes purificações, se Deus as quiser conceder-me: noite do espírito, martírio do amor.

Dia 24 de agosto

Confiei a Nossa Senhora a minha perseverança. Amanhã cedo renovarei o holocausto de mim mesma a Santíssima Trindade, para a sua glória e extensão do seu culto e pela salvação das almas confiadas a mim pelos laços da solidariedade espiritual. Ó chama de amor, Espírito de meu Deus, consumi essa pequena hóstia que amanhã se unirá à Grande Vítima do altar. Com vosso fogo devorador, consumi, destruí nela tudo que possa desgostar ao Pai, ou, antes, abrasai-a inteiramente, a fim de que Maria Zélia desapareça totalmente, identificada convosco!

> *Na vida é preciso ter um ideal. Único meio de guardar a paz e ser o que se é...*

Em 15 de junho de 1950, a Congregação das Servas da Santíssima Trindade contava com quatro anos de existência.

Acolhendo o pedido das primeiras irmãs de conhecer a inspiração original de Ir. Maria Celeste de fundar a Congregação, bem como sua história, ela decide escrever e deixar registrado a síntese dessa história desde 1930 até 1950 retomando seu itinerário vocacional, espiritual e dá o título: "Os primeiros toques da graça".

Após escrever esse histórico inicial para as Irmãs terem conhecimento como se deu a inspiração e fundação da Congregação, Ir. Maria Celeste continua suas anotações no mesmo caderno, registrando os fatos e experiências mais significativas até 1983. Conclui escrevendo uma belíssima oração intitulada: "O entardecer ou a plenitude da vida", onde se vê uma mulher humana, despojada, de uma profunda maturidade espiritual e afetiva, terna, abandonada e totalmente entregue ao amor da Santíssima Trindade.

Após os 60 anos de Fundação da Congregação escreve pouco, apenas anotações breves, mas seu coração continua ardendo e apaixonado pelo grande amor de sua vida: Deus Uno e Trino.

Os primeiros toques da graça

Trindade Santíssima! Há tempos que as religiosas vêm pedindo, discreta mas insistentemente, que lhes conte a "primeira página" da história da Congregação, isto é, como nasceu a ideia, a inspiração etc.... sempre me esquivei a tal solicitação, não só pelo caráter pessoal e muito íntimo que seria o cunho necessário de tal narrativa, mas também pela citação de nomes de pessoas, todas em vida, às quais não poderia deixar de fazer alusão. Mas por esses dias, ao festejarmos o quarto aniversário de fundação da Congregação, tem-me perseguido a ideia de que estou sendo profundamente egoísta: as religiosas têm o direito de conhecer as mais remotas origens do seu Instituto.

Então, achei uma solução que me pareceu razoável: escreverei objetiva, sincera e abertamente todas as minhas lembranças sobre esse assunto, mas não mostrarei esse caderno às religiosas. Depois de minha morte, minhas superioras disporão das notas como julgarem melhor diante de Deus.

Trindade Santíssima, que todas as minhas palavras sejam o eco fiel de minha alma e concorram para vossa maior glória!

Deus utilizou-se de uma decepção para decidir definitivamente sobre minha vocação, aos 15 de junho de 1930, quando contava com 15 anos de idade. Até então os desejos de vida religiosa iam e vinham, com a inconsistência própria da idade. Nessa época eu mantinha uma afeição muito sensível e exagerada, penso, por uma de minhas mestras, Madre Alexia.

Nesse dia 15 de junho, achando-me em férias, em casa, resolvi ir ao Colégio Santo Agostinho para ajudá-la; mas ela recusou por tratar-se de um serviço impróprio para "minha *toilette*" (parece-me que cuidava de encher com painas alguns travesseiros). Voltei para casa cansada, decepcionada, e lembro-me de que deitei-me um pouco para refazer minhas forças. Nesse momento o "nada" das afeições humanas tocou-me fortemente e decidi consagrar minha vida só a Deus. A partir daí, nunca mais tive hesitações quanto à minha vocação. Mas onde entrar? O desejo de grande silêncio fez-me pensar no Carmelo; cheguei até a dirigir-me ao parlatório, mas Nosso Senhor permitiu que, ao ouvir a saudação da madre superiora, eu perdesse completamente minhas palavras... e ouvi-me dizer-lhe que queria comprar um instrumento de penitência. Mal saí do Carmelo, achei-me profundamente ridícula: incomodar a superiora, esperar uma hora por ela, para chegar a tal pedido! Além disso, eu sabia que no Carmelo não entraria antes dos 21 anos, e eu estava decidida a deixar o mundo logo que completasse o ginásio.

Uma visita ao convento das sacramentinas também me mostrou que não era lá que Deus me queria, apesar da maternal acolhida da superiora. Decidi, então, entrar no colégio, na Congregação das Cônegas de Santo Agostinho, apesar de toda a repugnância que sentia pelo tipo do apostolado, pelo contato contínuo com pessoas do mundo etc.... Como pude chegar a tal decisão?

No domínio natural, essa decisão só se aplica pela maior facilidade que encontrava em obter a permissão de meus pais, pois, como uma de minhas irmãs já tinha partido para o noviciado na Bélgica, eles achavam que minha presença lhe amenizaria a separação. Mas agora, com o recuo do tempo, tudo entendo: a Santíssima Trindade queria que me beneficiasse da esmerada formação de tão benemérita Congregação para preparar-me já de longe para minha futura missão. Como minha tarefa está simplificada pelo rico patrimônio religioso e intelectual armazenado durante 13 anos que aí passei.

Mas minha repugnância foi crescendo à medida que se aproximava a data da partida. Tive verdadeiras crises de choro, como alguém que se vê "obrigada" a tomar um caminho irremediavelmente errado. Principalmente durante a travessia,[7] minha tristeza aumentava tanto que chamou a atenção da superiora-geral, Madre Maria de Jesus, em cuja companhia viajava.

---

[7] A referida viagem foi de navio, saindo de Santos/SP para a Europa.

A bondosa Madre S. Vitor, perdida na sua alta santidade, julgou com certeza que minhas terríveis dúvidas diziam respeito à vida religiosa como tal, pelo menos eu o suponho, pois, principalmente em Roma, vinha contar-me histórias funestas de moças que tinham vocação, mas que, tendo preferido a vida matrimonial, achavam-se agora muito infelizes... histórias essas que tinham o dom de exasperar ainda mais meu sofrimento.

Naquele tempo eu era muito tímida e fechada para expor a alguém, com clareza, o estado de minha alma. Além disso, em país estranho, não conhecia ninguém que me orientasse. A Congregação pela qual minha alma ansiava, sem conhecer ainda com precisão, não existia. Como da Casa do Noviciado tivessem escrito pedindo minhas medidas para a confecção do vestido de postulante, achei leal expor minhas dúvidas à superiora da Casa do Monte Mário, a bondosa e falecida Madre M. Batista. Esta me aconselhou a enviar as medidas, para não chamar a atenção, e até o dia da entrada teria muito tempo para pensar.

Decorria a estadia em Roma, fomos à França e visitamos Lourdes, Dijon, e demoramos mais em Paris, onde, para acompanhar as outras, procurei interessar-me por todas as riquezas artísticas e históricas da grande cidade. Mas minha alma continuava mergulhada em profunda nostalgia, até a chegada em Jupille, no dia 11 de maio de 1933. Não sei se foi a alegria de rever minha irmã religiosa que me serenou provisoriamente. Habituei-me rapidamente à vida do postulado, mas com o decorrer do tempo minhas dúvidas voltaram. Achava-me tão só, sem ninguém que me orientasse. A Madre Mestra, devido ao seu cargo simultâneo de assistente das postulantes e, também, ao grande número de noviças, era pouco acessível e o assunto, tão delicado!

Por fim, como se aproximava a data de tomada de hábito, achei que não podia continuar naquele estado e consegui expor-lhe a situação. Madre Thestime ouviu muito calmamente minhas confidências e, de acordo com a superiora-geral, convidaram o confessor extraordinário para esclarecer-me.

Mas a hora de Deus estava longe de soar, e o bom sacerdote deixou-me absolutamente na mesma, aconselhando-me a só deixar minha Congregação pelo Carmelo, se eu julgasse que lá minha vida seria mais sacrificada; não o julgava, por estar a vida contemplativa mais de acordo com as aspirações profundas mas ainda imprecisas de minha alma. E assim, pela segunda vez, a Providência impediu-me de dar um passo errado. Decidi ficar e não pensar mais no assunto. A superiora-geral aceitou-me à tomada de hábito, dizendo-me que tais dúvidas poderiam voltar, mas que eu as repelisse como tentação, a não ser que a vontade de Deus se manifestasse claramente contrária.

Transcorrido o ano do noviciado, fui enviada a Louvain para fazer meus estudos universitários e lá fiquei até 1939. Apaixonei-me pelos estudos e nunca mais tive dificuldades sobre minha vocação, apesar de muitas vezes achar que estava perdendo tempo estudando discussões sobre datas prováveis da composição de uma tal canção de gesta medieval e memorizando as complicadas leis da fonética histórica, quando tantas almas há que necessitam do nosso apostolado.

No último ano que passei em Louvain, Nosso Senhor utilizou-se de minha tese sobre Bourdalouve para pôr-me em contato com um padre jesuíta de Enghien, Pe. Grausem, de cuja direção me beneficiei algum tempo e que teria futuramente uma bela missão junto à nossa Congregação, revelando-nos a existência de Nossa Senhora da Santíssima Trindade. Numa de suas visitas a Jupille, nas vésperas de minha volta ao Brasil, falei-lhe sobre as dúvidas que me voltavam sempre nos momentos em que me sentia mais fervorosa, e ele respondeu-me que essas aspirações à uma vida de maior recolhimento era um fenômeno muito conhecido de que Deus se servia frequentemente para chamar almas à maior santidade, mas dentro da própria Congregação.

Ao chegar ao Brasil, em 1940, e ter entrado de cheio nos meus cargos de religiosa educadora, lidando com alunas da alta sociedade, na maior parte mundanas e fúteis, minhas dúvidas redobraram de acuidade; apesar de recém-chegada, tive coragem de expor tudo à Madre S. João, então superiora da comunidade de São Paulo. Esta aconselhou-me a consultar o Rev. Pe. José Danti, superior dos jesuítas e muito amigo da Casa das Irmãs. Este perguntou-me se havia muito tempo que me achava na Congregação. À minha resposta afirmativa, respondeu-me que depois de tanto tempo precisava de uma manifestação muito explícita da vontade de Deus para poder deixá-la, principalmente depois de tudo que a Congregação fizera por mim. Isso significava justamente tocar no ponto vulnerável da questão: a gratidão pela Congregação que me recebera. Resolvi não pensar mais no assunto, e era muito sincera; mas como lutar com a graça?

A impressão de situação "provisória" que sempre me acompanhou era-me muito penosa, indivisivelmente penosa, parecendo-me que não era leal. Mas o que fazer? Já falara com os representantes de Deus junto a mim; eles me aconselharam que rejeitasse tais dúvidas, e era o que eu procurava fazer, sem consegui-lo.

Em dezembro de 1942, durante o retiro, e alguns meses depois de minha oferta como vítima à Santíssima Trindade, durante o repouso permitido depois do almoço, recostada na cama refletia, pedindo à segunda Pessoa da Santíssima Trindade que me inspirasse o que eu poderia fazer para dar o máximo de glória ao Pai, pois minha alma inquieta pedia sempre mais. Como um raio que atravessasse o espaço, surgiu nítida em minha mente a ideia de uma Congregação dedicada à glória direta da Santíssima Trindade. Estremeci de alegria e de horror, tendo a intuição igualmente clara das dificuldades que poriam obstáculo à tal realização. É interessante que nesse mesmo momento, perfeitamente "dona" de minha alma, propus-me a guardar bem na memória as circunstâncias em que me viera essa ideia, para que sua nitidez a protegesse à maneira de um escudo, quando surgissem as dificuldades que previa.

No dia seguinte, ao sair do retiro, falei com meu confessor, o Rev. Frei Emílio, que era, então, ao mesmo tempo capelão do colégio. Sentia-me envergonhada, ridícula de comunicar-lhe tal ideia. Ele ouviu tudo com muita calma, perguntou minha idade, achando-me muito jovem: 27 anos. Disse-me simplesmente que não falasse em tal assunto, pois, se fosse tentação, o demônio acabaria desistindo, e se fosse realmente vontade de Deus, a coisa se realizaria, apesar de todos os obstáculos.

Segui fielmente sua orientação, pois creio que, se toquei novamente no assunto com ele, foi apenas uma vez, e rapidamente.

O que seguiu, no correr dos 3 anos que precederam minha chegada ao Rio e a realização do meu ideal, acha-se em parte anotado no início deste caderno, e o resto é do conhecimento de várias testemunhas oculares, o que me dispensa de prolongar este simples relatório. Penso, pois, em consciência, ter desempenhado meu dever de dar, às religiosas Servas da Santíssima Trindade, a oportunidade de conhecerem as origens remotas de nossa querida Congregação, ou "os primeiros toques da graça"!

> *Querer com Deus, o que Ele quer,*
> *como Ele quer. Não pôr de lado minha*
> *vontade, mas ajustá-la à de Deus.*

1945

Dia 5 de novembro

Santíssima Trindade, meu único bem, meu tudo, nestas angústias mortais que me torturam, quero buscar junto de vós luz, força e consolação. Vós sabeis que a situação que me encontro é o resultado de passos decisivos que dei para seguir minha consciência, e essa força interior irresistível que me impele a expor-me aos maiores riscos, a arriscar minha própria reputação para vos dar a glória de uma Congregação dedicada exclusivamente a vós.

Vossos pedidos foram se graduando, para se adaptar à minha fraqueza: casula, legenda, Igreja. Já aqui comecei a beber o cálice de amarguras que acompanham todo apostolado: as críticas que tanto ferem o coração, as alusões indiscretas etc...

Com a licença de meu diretor espiritual ofereci-me como vítima, pedindo-vos, em troca, apenas uma graça: que a Santíssima Trindade fosse cada vez mais conhecida e amada.

Como me senti feliz! Parecia-me ter dado o meu "máximo", mas em breve a sede de propagar vosso culto retomou-me e, expondo-me sempre a novos comentários, continuei a trabalhar: *Templos vivos*,[8] medalhas, estampas, organização da associação de leigos etc....

---

[8] Livro contendo frases trinitárias de vários autores, organizado por Ir. Maria Celeste.

Mas a ideia da Congregação da Santíssima Trindade, vinda no retiro de dezembro de 1942, continuou a me dominar tanto que, receosa desse caminho arriscado que se abria diante de mim, e temendo ser tudo obra de minha imaginação, resolvi cortar todo o apostolado nesse sentido. Agradeci à minha superiora todas as licenças que me havia dado, e disse-lhe que agora desejava cuidar só do apostolado junto às meninas. Parti feliz para as férias em Ribeirão Pires, mas lá assaltou-me tanta tristeza! Jesus parecia tão longe! Afinal, no dia 2 de fevereiro, depois de arrumar a capela para a festa do dia, implorei a proteção de Nossa Senhora e decidi falar com o Rev. Pe. Germano, svd, que aí se achava como capelão. Este aconselhou-me procurar conhecer a vontade de Deus por meio de um sinal.

Voltando a São Paulo, as angústias e dúvidas recomeçaram a me torturar e não sentia ânimo nem vontade de concentrar meu espírito em alguma ocupação, e, quando estava na capela, na presença do Santíssimo exposto, via tão claramente que eu devia trabalhar nessa Congregação que meu sofrimento aumentava ainda mais. Creio que só no inferno pode-se sofrer tamanha tortura. E, contudo, ainda estava na primeira estação de minha via-sacra. Mudei o sinal que havia combinado por outro mais rápido: até o dia seguinte, terça-feira de Carnaval, três retirantes deveriam me falar sobre vocação religiosa. Recebi esse sinal, e se a coisa em si não tem importância, contudo, o efeito produzido na minha alma foi decisivo.

Senti tanta alegria, que esta varreu as últimas dúvidas do meu espírito.

Isso se deu no dia *13 de fevereiro de 1945*. Dia 15, Pe. Germano esteve aqui, e ficou combinado que ele pediria a opinião do sr. arcebispo sobre a questão. Este pediu seis meses para pensar;

mas, ao transmitir-lhe essa resposta, no domingo seguinte, o Pe. Germano aconselhou-me a falar pessoalmente com D. Carlos. Rejeitei logo essa ideia pelas dificuldades de sua realização: ausência de minha superiora, deixar a clausura etc....

À noite, ao terminar o último dia da novena a Nossa Senhora do Clero, disse a minha mãe que as coisas pareciam estar paradas, mas que, de minha parte, fizera tudo que estava a meu alcance. Apaguei a luz e, nem bem me deitei, senti em mim uma força irresistível que me impeliu a vencer todas as dificuldades e falar eu mesma com o senhor Arcebispo.

Na manhã seguinte, consegui que me arranjassem uma audiência, que foi marcada para o dia 22 de fevereiro. Quantas angústias a precederam! Afinal, chegou o dia tão temido e tão desejado. Examinei as alunas de segunda época até quase 16h e dirigi-me ao palácio com uma das irmãs. Depois de uma curta espera, chegou minha vez. A sala estava repleta de sacerdotes, mas, como meu confessor tinha recomendado ao secretário que eu fosse atendida nesse mesmo dia, devido à clausura, o Pe. Lafayette me fez passar antes de todos, o que me encabulou. O senhor arcebispo pareceu-me, a princípio, muito frio, mas essa impressão atenuou-se depois e, vendo através da abertura das cortinas o grande número de pessoas que esperavam, pediu-me que voltasse na manhã seguinte, às 8h, para conversarmos melhor.

Nova licença a pedir! Enfim, obtive permissão de voltar ao palácio e cheguei lá exatamente às 8h. Assisti ao fim da missa celebrada pelo Arcebispo e fiquei esperando na capelinha, até que tomasse seu café. Pouco tempo depois, ele veio em pessoa buscar-me e conversamos longamente sobre o assunto.

Pediu-me que esperasse até o fim do ano, dando-me esperanças de poder oferecer a nova Congregação à Santíssima

Trindade, como dádiva por ocasião de sua festa em 1946. Como disse-lhe que temia as críticas dos homens, respondeu-me que isso é absolutamente secundário e que, por mais que eu tivesse de sofrer nesse sentido, nunca se igualaria ao que Nosso Senhor sofreu. Para facilitar, deu-me licença para apresentar o caso às candidatas, como uma fundação sua.

Contei a D. Carlos que eu ainda não tivera ocasião de falar com minha superiora, mas que tencionava pedir-lhe licença para deixar minha Congregação por 3 anos, e regressar depois que a Congregação da Santíssima Trindade estivesse em andamento. Respondeu-me que eu podia pedir essa licença ao senhor núncio e que, se ele o julgasse necessário, encaminharia o assunto a Roma. E terminou exortando-me, durante a espera, a exercitar-me no noviciado, confiando-me na Trindade da terra: Jesus, Maria, José.

Voltei radiante para casa; tudo me parecia resolvido e narrei ao meu confessor e ao Pe. Danti minha entrevista. Este disse-me que a nova Congregação seria muito útil: que as carmelitas oferecem uma parte de suas orações e penitências para a santificação do clero, mas que, naturalmente, duas Congregações trabalhando nesse fim teriam mais força.

"Veja", disse ele, "quantos institutos se dedicam ao ensino!" Acrescentou que Deus pode permitir essa passagem provisória numa Congregação para que se possa ver, por experiência, as deficiências a acertar. Que eu agora, com lealdade, precisaria ver como minha superiora julgaria minha visita a D. Carlos. Respondi-lhe que as coisas iam correndo tão facilmente, até aí, que pressentia que as dificuldades me viriam de minha própria comunidade, visto os obstáculos e sofrimentos serem a assinatura inefável de Deus em todas as obras verdadeiramente divinas.

Comecei a esperar com angústia a chegada de minha superiora, de Campos. Esta se deu no dia 2 de março, sexta-feira, e logo na manhã seguinte entreguei-lhe um manuscrito relatando tudo. Nessa mesma manhã veio visitar-me Helena Garcia, moça de Ribeirão Preto que já estivera em São Paulo para estudar sua vocação. Falei-lhe sobre a nova Congregação, que muito a entusiasmou. Essa pequena consolação deu-me coragem para enfrentar a entrevista próxima com minha superiora. Com efeito, esta chamou-me já no dia seguinte, dia 4. Só a lembrança dessa entrevista, ainda hoje, gela meu coração. O que sofri e ouvi, prefiro calar, e tudo me pareceu aniquilado, visto a licença de deixar provisoriamente a Congregação ter-me sido negada terminantemente, sob pretexto de abrir um perigoso precedente, o que aliás compreendo perfeitamente.

Meu confessor transmitiu essa resposta ao senhor Arcebispo, e creio que a carta que lhe escreveu minha superiora a meu respeito deve ter-me sido pouco favorável, pois o Arcebispo até hoje parece ter mudado de opinião e não se mostrou mais propício à fundação. Mas como ele disse que eu poderia escrever ao senhor Núncio Apostólico, agarrei-me a essa esperança e remeti-lhe uma carta explicativa, assim como um esboço das Constituições (22 de maio/26 de junho). Como o senhor Núncio esteve em São Paulo para a entrega da Bandeira Missionária, consegui uma audiência, no dia 23 de julho, segunda-feira. Ele aconselhou-me a esperar mais um ano ou dois, a escrever à minha superiora-geral e a consultar outros sacerdotes, principalmente D. Abade. Ele mostrou-me também uma carta que me escreveu do Rio, dizendo-me que obedecesse à solução de meu confessor, e que a Nunciatura se encarregaria de meu caso, se fosse recomendado ou aprovado pelo arcebispo do lugar.

O que mais temia aconteceu: não ter uma resposta definitiva! Esperas... indefinidamente, numa situação tão penosa! Não sei como consegui cumprir minhas obrigações junto das meninas; mas meu sofrimento foi tal, que sobreveio uma reação horrorosa e, depois de uma crise de lágrimas, a enfermeira mandou que ficasse deitada até o fim dessa quarta-feira. Estava literalmente desesperada. O céu de minha alma, negro de trevas, não deixava passar o menor raio de esperança, e conheci as piores tentações! Queixei-me a Deus de que a cruz ultrapassava minhas forças e cheguei até a dizer-lhe que me arrependia amargamente da minha oferta como vítima. À noite, contudo, pensei que o caminho da obediência era o único seguro, e que seria melhor falar com D. Domingos, apesar de minha repugnância a tornar meu caso ainda mais conhecido. Na quinta-feira enviei-lhe um cartãozinho pedindo-lhe a caridade de uma visita, e esta se deu na segunda-feira seguinte, dia 30 de julho.

D. Abade achou que a obra era muito útil e que eu deveria trabalhar na sua fundação, mas sem deixar minha Congregação. Que eu deveria ser sua "fundadora espiritual", para empregar sua própria expressão. Que eu já poderia ir preparando o ambiente, falando às candidatas, e que pedisse autorização ao senhor arcebispo para poder dizer que estava agindo com sua autorização.

Não sei exprimir a alegria que me inundou a alma, ao verificar que não se tratava de uma ilusão, mas de uma esplêndida realidade! Nesse mesmo dia contei sobre minha entrevista à minha superiora, que me disse que minha ilusão tinha consistido em julgar que devia deixar essa Congregação para trabalhar na nova. E acrescentou estas palavras proféticas: "Não pense que está tudo terminado!".

Dia 22 de novembro

Na segunda-feira passada, ao ouvir anunciar a festa de São Félix Valois, cofundador dos Padres Trinitários, tive o pressentimento de que ele me ajudaria na fundação do ramo feminino. Na terça-feira, dia 20, amanheci feliz, como há muito não mais me acontecia, e já de antemão agradeci a Deus a graça que tinha certeza de receber. Depois de minha primeira aula, senti-me tão angustiada, tão exausta, que subi à minha cela para rezar um pouco, a única coisa que ainda tinha ânimo para fazer. Mal me pus de joelhos, chamam-me para falar com o Pe. Dietino. Este já falara com minha superiora, e entregou-me um cartão em que o núncio me enviava uma bênção e acusava o recebimento de minha carta, cuja resposta ser-me-ia dada pelo Pe. Dietino. Passo a resumi-la:

1) Posso deixar esta Congregação para fundar a das Servas da Santíssima Trindade.

2) Continuo com meus votos mas devo renová-los em presença do eclesiástico que for escolhido como protetor da Congregação. Se eu morrer, antes mesmo do "Decretum Laudis" de Roma, morrerei, contudo, religiosa.

3) Não posso conservar este hábito, mas posso usar o que vai ser adotado na nova Congregação.

4) Poderei ficar hospedada no Carmelo durante os preparativos da fundação.

Minha alegria não conheceu limites, depois de tal resposta. Senti-me renascer à vida! Pensei que todos os sofrimentos estivessem, por hora, terminados! Mas não, o cálice de amarguras ainda não estava vazio! A resposta do núncio tranquilizou minha superiora, segundo o dizer da madre assistente, mas não venceu sua oposição.

Ontem, quarta-feira, papai veio aqui: esteve calmo, mostrou-se compreensivo etc.... mas, depois de mim, a madre assistente e minha superiora também estiveram com ele. Não sei se foi por isso, ou se o receio antigo de mamãe o influenciou, o certo é que hoje ele voltou com mamãe, e ambos me fizeram muitas objeções. Mamãe achava que "a união faz a força, e serei uma ovelha desgarrada, ingrata". Papai receava os comentários, as explicações pendentes etc.... enfim ele ficou de falar com o Pe. Dietino, com Frei Emílio, e se fosse necessário com o Núncio.

Meu Deus, abandono-me em vossas mãos! Tudo para a vossa maior glória, pela santificação do clero, pela difusão do ensino religioso!

Dia 29 de novembro

Provavelmente partirei para o Rio, com meus pais, em princípio de dezembro. Quero falar com o senhor Núncio uma última vez, antes de dar os passos decisivos. O mais pesado de tudo é partir sem a aprovação de minha superiora local.

Meu Deus, vós podeis tudo, seria tão fácil para vós inclinar seu espírito a compreender-me! Mas que a vossa santíssima vontade seja feita e não a minha!

Dia 7 de dezembro

Pedi para conversar com Frei Emílio, antes de decidir meu destino em presença do senhor Núncio Apostólico. Ele disse-me que, se o núncio confirmasse sua licença de me desligar desta Congregação para começar a da Santíssima Trindade, então poderia agir com toda a certeza de estar no caminho certo. E, mesmo se a Fundação fosse um fracasso, deveria considerá-lo como uma vontade divina para minha santificação.

Dia 6 de dezembro

Ontem, na confissão, exortou-me reler o capítulo do livro de Isabel da Trindade sobre o dom da fortaleza, e a pedi-lo muito para suportar as contrariedades e sofrimentos que se seguirão. Devo aguentar tudo o que Deus, na sua infinita misericórdia se dignar enviar-me, sem me deixar abater por nenhuma dificuldade!

Frei Emílio assegurou-me que Deus abençoará nosso Instituto.

Devo confiar muito em Nossa Senhora, pois ela foi a alma, por excelência, Trinitária, e foi a criatura que mais sofreu.

Na capela de todas as nossas casas deverá haver uma estátua de Nossa Senhora e, se for possível, de Nossa Senhora do Clero. Estou às vésperas de realizar o meu sonho. Devo procurar unicamente, e em tudo, a glorificação da Santíssima Trindade.

Dia 12 de dezembro

Minha partida definitiva está marcada para o dia 16, de manhã. Despedi-me do Frei Cirilo para agradecê-lo por ter-me estimulado e encorajado a dar o passo decisivo.

Anteontem recebi mais uma prova da delicadeza do amor de meu Deus: meu grande desejo era fazer retiro no Carmelo Santíssima Trindade, mas, como seu endereço no "Brasil católico" era muito vago, a madre assistente preferiu escrever ao Carmelo de Santa Teresa. Qual não foi minha alegria ao receber uma carta da superiora do Carmelo Santíssima Trindade dizendo ter recebido a comunicação de meu pedido, por intermédio da priora de Santa Teresa, e aceitando receber-me com fraternal carinho. Ela desculpou-se, antecipadamente, pela simplicidade e pobreza da hospedagem, sem saber o quanto disso me regozijo. Abrigada sob a paternal proteção da Santíssima Trindade, o que poderia eu temer?

Meu Deus como vos agradecer de me terdes dado ocasião de sofrer alguma coisa por vós. Quero considerar as criaturas que me estão fazendo sofrer como simples instrumentos de que vós vos servis para me purificar e me preparar à sublime missão que vossa bondade me confiou.

Dia 22 de dezembro

Rio de Janeiro: não quero deixar passar este dia memorável sem exprimir aqui toda a minha gratidão ao meu Deus incomparável! Ontem papai mostrou-se contrariadíssimo com a carta da superiora do Carmelo. Insistiu sobre os meios de subsistência, a bobagem do passo que vou dar etc.... Além disso, não tinha conseguido ainda audiência particular com D. Jaime, e meu novo hábito não tinha ainda chegado, assim, via-me exposta a ter de vestir roupas do mundo... Minha alma angustiada assemelhava-se à tempestade que inundava o Rio! Logo depois do jantar subi à capela e chorei, desabafei-me com Nosso Senhor, repetindo-lhe meus protestos de fé inabalável. A Celeste temia, mas Maria da Trindade[9] permanecia confiante!

Pedi a Nossa Senhora e a meu amigo das horas difíceis, São Judas Tadeu, que me auxiliassem. Antes mesmo de adormecer, já comecei a ser atendida: veio-me a ideia do curso primário para meninos, para depois selecionar os futuros seminaristas. O que nos ajudaria quanto aos meios de subsistência.

---

[9]   Maria da Trindade foi o nome religioso que Ir. Maria Celeste escolheu para si, como Serva da Santíssima Trindade

Esta manhã pedi a Santa Teresa, cujas fundações estou lendo, que, como sinal da ajuda que vai prestar-me no correr de minhas fundações, fizesse com que eu obtivesse hoje a licença do senhor arcebispo e que chegasse hoje também o meu hábito.

Todos os meus desejos foram satisfeitos! D. Jaime mostrou-se tão bondoso! Vai até ceder-me uma casa onde dorme atualmente, para berço da Congregação. E deu-me a aprovação por escrito.

Meu Deus, eu bem sei que aquele que em vós confia nunca será decepcionado!

Segunda parte
do diário

"Quando se tem por única missão amar Deus e fazê-Lo amado, é preciso enfrentar desapegos bem penosos à natureza e ao coração humano."

1946

Esse ano é decisivo para Maria Celeste. Ela está com 31 anos, é uma mulher amadurecida na fé, sedenta e corajosa, capaz de deixar o conforto e a segurança para iniciar algo novo, sem garantias humanas, apenas a certeza profunda da fidelidade de Deus Trindade que a conduzia. Após um longo itinerário de buscas, sofrimentos, discernimento, oração e fidelidade à sua vocação trinitária, concretiza-se a Fundação da Congregação das Servas da Santíssima Trindade, cuja inspiração profunda e original se deu no retiro de dezembro de 1942.[10]

Ela deixou registrado na história da Congregação: "Em dezembro de 1942, último dia do retiro anual, eu rezava pedindo ao Filho que me inspirasse o que eu deveria fazer no sentido de dar o máximo de glória ao Pai; sentia um desejo sempre crescente de doação. Como um raio que atravessasse o espaço surgiu nítida em minha mente a ideia de uma Congregação dedicada inteiramente à glorificação da Santíssima Trindade. Estremeci de alegria e de horror ao mesmo tempo, tendo a intuição igualmente clara das dificuldades que encontraria em tal realização". E suas intuições se realizaram. Mas a graça foi maior que os desafios e sofrimentos. Em 15 de junho de 1946 se dá a fundação da nova Congregação.

---

[10]   Cf. Constituições da Congregação das Servas da Santíssima Trindade, p. 20-21.

Dia 1º de janeiro

Trindade Santíssima, atiro-me como cega confiando nas profundidades de vosso ser, como numa fortaleza... É por vossa causa que me encontro nesta situação. Segui sempre minha consciência. Fiz tudo quanto pedia de mim... Agora fazei o resto: quero ser um instrumento dócil em vossas mãos. Pela difusão do vosso culto, pela vossa glória, ó Trindade Santíssima, ofereço-vos neste primeiro dia do ano tudo quanto sofri e estou sofrendo.

Abandono-me em vossas mãos... minha pessoa, minha reputação... mas principalmente a Congregação das Servas da Santíssima Trindade: enviai-me sólidas e numerosas vocações para que possamos trabalhar muito... dai-nos todos os socorros espirituais necessários para que as religiosas possam receber uma formação segundo vosso coração.

Dia 13 de janeiro

D. Jaime ontem marcou a cerimônia de vestição para quarta-feira, dia 16. Para obedecer a papai, farei o sacrifício de não escrever a ninguém, nem mesmo a Frei Emílio para pedir suas orações para esse dia.

Meu Deus, santificai-o, por meio dos aborrecimentos que ele está tendo por minha causa, ou, antes, pela sua colaboração na Fundação empreendida para vossa glória!

Agradecer a Deus por ter-se dignado a se tornar nosso Pai! Agradecê-lo de nos ter dado seu único Filho, do qual podia ter gozado sozinho, por toda a eternidade, poupando-lhe tantos sofrimentos.

Toda glória específica do Filho consiste na sua relação de Filho. Unir-se com Ele na contemplação das perfeições infinitas do Pai... aos poucos Ele me iniciará nos segredos desse abismo de Luz que por ora nos cega e nos esmaga. Felicitar a Jesus por tal Pai e agradecê-lo de nos ter obtido, pelo seu sacrifício Redentor, de sermos chamados filhos de Deus. Tratar a Jesus como um irmão mais velho depositário de todos os segredos paternos... o Verbo do Pai! E nos momentos de aridez, quando o céu de minha fé soldar-se, e nesses momentos horrorosos em que a natureza orgulhosa e corrompida, cansada de viver de pura fé, se revoltar diante do Santuário insensível e incompreensível que lhe continua inacessível, nesses momentos, ó Jesus, quero refugiar-me junto do sacrário onde estais como Verdadeiro Homem, conhecedor da pobre natureza humana!

Toda a glória específica do Espírito Santo consiste em ser o elo de união entre o Pai e o Filho, amor vivo, pessoal, o ósculo eterno. E Ele o faz devorador, de que fala São Paulo. Entregar-se à sua ação santificadora, sem preocupar-me com os meus progressos ou derrotas. Eu cuido da glória da Santíssima Trindade, o Espírito cuida de mim. Deixar que Ele vá destruindo, queimando em mim tudo o que é humano, para que a Santíssima Trindade vá invadindo tudo.

– Reler lentamente as obras de São João da Cruz. Ir cortando tudo... até o vazio completo. Desapegar-me até da glória que quero dar a Deus, pois só Ele sabe o grau de glória que deseja receber de mim.

– ensinar às postulantes a prática da semana trinitária, consagrando tudo:

Segunda e terça-feira: em honra ao Espírito Santo;

Quarta e quinta-feira: em honra a Nosso Senhor;

Sexta e sábado: em honra ao Pai;

Domingo: em honra da Santíssima Trindade.

– Faltas em que caí mais este mês: desleixo no oferecimento de minhas ações, na minha posição, principalmente quando estou só – Serva da Santíssima Trindade e superiora-geral: a Rainha do Clero[11].

Prática: humildade manifestada principalmente na sua plena vontade divina.

Retiro mensal: sinto grande desejo e necessidade de ter um diretor espiritual que me oriente nas coisas relativas à Congregação e no que toca à santificação de minha alma. Mas

a) O senhor cardeal é muito ocupado e, quando vem, mesmo com mais tempo, fora os assuntos da Congregação, há sempre noviças que gostariam de falar com ele, de sorte que não tenho tranquilidade e espírito indispensável para estudar com ele meus problemas pessoais.

b) Não posso escolher nenhum sacerdote de fora. Conclusão: visto um guia ser necessário, Nosso Senhor me orientará Ele mesmo diretamente e mediante causas instrumentais.

Comecei hoje a ler a *Subida do Monte Carmelo*,[12] sob a proteção de São João da Cruz; sinto-me feliz, mais segura e esperançosa de que minha meditação melhore.

---

[11] "Nossa Senhora Rainha do Clero" a quem Ir. Maria Celeste entregou o cargo de Superiora Geral.

[12] Livro de São João da Cruz.

1947

Retiro anual

– As pessoas que convivem comigo devem perder de vista minha pessoa humana, para verem em mim unicamente a imagem de Cristo "donei Christus formetur in vobis".

– Sou serva, criatura a serviço da Santíssima Trindade. Aceitar, do fundo da minha alma, os planos de Deus sobre mim, sobre a Congregação. "Os meus caminhos não são os seus". Não sou humilde para com Deus, impondo minhas vontades, marcando prazos, revoltando-me, interrogando sobre o porquê dos acontecimentos etc.... orgulho ridículo. A Congregação é obra da Santíssima Trindade... sou apenas instrumento... testemunha. Fazê-la como Jesus, que também teve por missão uma fundação, a Santa Igreja: seu único pensamento era cumprir a vontade do Pai. Para isso, aceitou o máximo de sofrimentos, humilhações e teve mesmo o fracasso aparente de todos os seus trabalhos. "Faça-se a tua vontade".

Cada acontecimento de minha vida está marcado com a vontade divina, e através deles todos Deus vai me conduzindo lá onde Ele quer que eu chegue.

Dia 27

As circunstâncias externas: dinheiro, casas, meios etc.... não condicionam em nada a obra de Deus. Nossa Senhora preparou com tanto amor o necessário para a vinda do Menino Jesus, e

Deus preferiu a indigência. Um santo fundador pedia a suas religiosas que nunca tivessem casas grandes e que, se isso acontecesse, ele pediria de antemão a Deus que um incêndio ou outra causa qualquer as destruísse.

Dia 28

Para reproduzirmos em nós a imagem de Cristo, é preciso que se encontre, em nós, três características: humildade, mortificação, pobreza.

1948

Dia 20 de janeiro

Depois de ter sofrido torturante angústia, esta manhã Nosso Senhor teve compaixão de minha fraqueza, enviando-me grande apoio na pessoa de meu confessor. O cônego reitor disse-me que devo repelir essa amargura: a obra é de Deus, todos os sinais são manifestos. Quanto à falta de vocações, não devo preocupar-me, mas abandonar tudo nas mãos de Deus.

Não aumentar as penitências, mas aceitar as mortificações que Deus vai semeando no correr dos meus dias. Se quiser aumentar a dose, Ele o fará.

Oferecimento atual de minhas ações:

– Nada pedir a Deus para a Congregação ou para mim. Expor a Ele as necessidades e abandonar tudo ao seu beneplácito.

– Nunca me queixar de nada, visto que até as mínimas circunstâncias de minha vida são encaminhadas por Deus; mas aceitá-las como outros tantos "sacramentos" que me comunicam a vontade de Deus, logo, o próprio Deus. Essa atitude equivale a nada recusar.

Não aumentar as horas de oração, mas aperfeiçoar as horas prescritas pela Regra.

Devo ser a Regra viva, o Espírito vivo da Congregação, para minhas Irmãs.

Na aridez de minha oração, repetir humilde e incessantemente orações e jaculatórias: Jesus, eu vos amo! Jesus, tende compaixão de mim, sou tão miserável!

Devo ser muito humilde e recolhida para ir ouvindo a voz de Deus através dos acontecimentos.

Posso continuar a rezar meu terço de joelhos, em preparação à meditação.

Trevas completas. Deus, o eterno silencioso. Nenhuma manifestação de sua Santíssima Vontade. Escuridão.

Calor insuportável: sinto um grande enfraquecimento físico e completo desânimo moral. Nem esperanças de vocações no horizonte... é o meu grande martírio, e nem sinto forças para pronunciar meu "SIM".

Meu Deus, Trindade adorável a quem dediquei toda minha vida, por que me abandonastes?

Dia 28

Diretrizes do confessor

Aceitar o calor como a grande crucifixão que Nosso Senhor me oferece e carregar alegremente a cruz até o calvário, oferecendo tudo pelo desenvolvimento da Congregação.

Dormir sem colchão ou no chão, com travesseiro: alivia o calor do colchão e ao mesmo tempo é uma ótima mortificação.

Dia 6 de abril

Diretrizes do confessor:

– Antes da manhã da Ressurreição, Jesus teve que sofrer todas as paixões... Terei que passar por todas as fases do calvário, inclusive o supremo abandono do Pai... é a condição do desenvolvimento da obra.

– O fruto da oração nunca é perdido, isso é certo. Mas não sabemos a hora de Deus. Numa obra tão sobrenatural como essa Fundação, dedicada a ter tão poderosa ação, tudo se passa num plano essencialmente sobrenatural. O verdadeiro fundador é o próprio Deus. (Não pensar, pois, que são minhas faltas que estão embargando o desenvolvimento da Congregação). É sempre uma aurora que nunca chega a se clarear completamente, é um claro-escuro para nós. Daí a grande mortificação para nossa impaciência de tudo saber, de ver logo o resultado dos nossos trabalhos.

– Quanto à questão da obediência: como os superiores de fora não estão vendo de perto todas as dificuldades da obra, só propor, para o futuro, coisas novas quando tiver os meios e elementos de realização. Mas, se não vier ordem, sem eu propor, ainda assim posso expor as dificuldades, mas, se a ordem permanecer, então obedecer. Saber que a obediência garante as bênçãos de Deus, mas não aplainaria as dificuldades.

Nos momentos de desânimo, de impotência...
mergulharei nesse oceano de Amor que,
no fundo de minha alma, jorra do
Pai ao Filho e do Filho ao Pai.

1949

Dia 26 de janeiro

Densas nuvens me envolvem: não compreendo nada, nem quanto à obra nem quanto à minha alma.

Obra: tenho certeza de que Deus quer o pré-seminário, a obra dos tabernáculos, o curso de religião. Mas o Instituto Santíssima Trindade constitui um tenebroso ponto de interrogação:

– Péssima situação da casa e, no entanto, comprada por obediência, logo, com as bênçãos de Deus.

– Abertura do externato: falta de alunos, enquanto nos outros colégios há luta pelas vagas.

Qual a causa? Deus não quer utilizar no externato (obra já do domínio de outras Congregações) religiosas que poderiam estar trabalhando, em outros pré-seminários, o que constitui a razão de ser de nossa vocação? Mas, no entanto, a razão diz que o externato seria um ótimo meio de atrair vocações para o pré-seminário, e também um meio de subsistência para as religiosas. Mandei imprimir 2 mil exemplares de anúncio. É minha última cartada.

Dia 25 de março

Resumo das diretrizes recebidas:

1. Às sextas-feiras tomar, às refeições, os alimentos de sal que forem servidos. Devo alimentar-me de tudo o que for servido, todos os dias. A ferro e fogo, mas devo consegui-lo.

2. Continuar a aceitar o descanso depois do almoço, visto que não durmo. Mas evitar o menor trabalho que seja, depois da oração da noite. Encarar o repouso noturno de modo religioso.

3. Agora que meu espírito está em paz, preparar-me para as lutas futuras. Em vez de pedir com insistência a Deus que me ajude a resolver meus problemas, o que denota uma atitude um tanto infantil, pedir a Ele que me faça aceitar filialmente as disposições da Providência.

4. Quanto à meditação começar tudo desde o princípio, seguindo o livro que vou receber.

5. Confessar-me com meu diretor de 15 em 15 dias, se for possível. Pelo menos, não ultrapassar um mês. Invocar previamente o Espírito Santo.

6. Práticas de penitência:

Segunda e quarta-feira: bracelete (1h)

Terça e quinta-feira: cilício (1h)

Dia 22 de abril

Diretrizes do confessor:

Durante este tempo reduzir as penitências físicas:

Mortificações:

– uma vez por semana, bracelete, no sábado, e cilício na sexta;

– aumentar as penitências internas, contrariando-me nas coisas indiferentes;

– às sextas-feiras: continuar a servir-me de todos os pratos salgados.

Oração:

– meditação sob o olhar de Maria, no livro de Grignon de Montfot;

– oferecer-me pela Congregação, aceitando todas as atrapalhações e trevas em que estivermos envolvidas;

– colocar a imagem de Nossa Senhora e meditar sobre suas palavras.

Dia 21 de junho

Festa do Sagrado Coração de Jesus. Dia terrível e abençoado. Desafio entre minha pobre alma desnorteada, desamparada e orgulhosa e o Coração de Jesus, condescendente e misericordioso.

Depois de um dia de relaxamento completo da vida espiritual, o Sagrado Coração de Jesus enviou resposta, luz e paz por intermédio do meu confessor.

Diretrizes: todas as perturbações nas obras têm a mim por causa. Devo retirar minha vontade própria, deixar Deus agir.

Dia 25 de dezembro

Natal!

Dia do meu renascimento. A exemplo do Menino Jesus, preciso tornar-me humilde, pequenina aos olhos do Pai. Sou arrogante, exigente e impaciente nos meus pedidos e desejos de glorificar a Santíssima Trindade – vou aprender junto ao presépio a ser "instrumento" nas mãos do Pai, para agir quando Ele quiser, enquanto e da maneira que Ele quiser. Todo o resto é amor-próprio. A Congregação não é minha, é um dom da Santíssima Trindade... provisório, que não deve distrair-me d'Ele com demasiadas preocupações. Não devo apegar-me nem à glória, que desejei dar à Santíssima Trindade, de uma Congregação a ela consagrada. Ainda não é SÓ Deus...

Com meu temperamento tão metódico e minucioso, não sei caminhar sem roteiro, como está sendo minha vida espiritual, à guisa dos ventos.

1950

Dia 1º de janeiro

Senhor, ontem, naquelas horas que pude passar aos pés de vosso trono, acalmou-se a agonia de minha alma, pelo raiar de uma nova esperança acerca da solução do problema da Casa. Mas é uma paz receosa de sua solidez. Será uma nova esperança ilusória que se irá abater contra o duro penhasco da realidade?

É um bem material que lhe peço, mas é pelas suas consequências morais e espirituais que tão vivamente o desejo! A estabilidade da Congregação no desempenho de sua missão, em lugar apropriado e definitivo – paz das almas –, impulso às obras agora paralisadas pelo caráter "provisório" de tudo o que fazemos – aperfeiçoamento da formação das religiosas pela reunião de todas num mesmo centro e finalidade e o bem espiritual desta pobre alma tão atormentada... pelo sopro do desânimo. Se nem para resolução de um caso tão material não tenho luzes nem com penitência, que dirá para a luta espiritual de cada dia, tão ardilosa, tão extenuante!

Senhor, vós conheceis o fundo do meu coração. Vós podeis conhecer o desapego total que vós mesmo lá colocastes "em relação à obra", em todos os seus aspectos, inclusive esse tão secundário, do local. Vós sabeis como sou sincera ao dizer-vos que irei contente onde quiseres. Só uma coisa desejo: saber onde é esse lugar? Que fazer para conhecer vossa vontade? Trabalhar? Há mais de um ano que não tenho poupado sacrifícios à procura dessa tenda por vós preestabelecida. Sinto mesmo um cansaço físico tal, que, se fosse seguir minha natureza, permaneceria estendida o dia todo.

Orar? Quantas novenas de oração, de missas principalmente! Todas as almas que se livraram do purgatório graças a ela, não podem permanecer indiferentes à tanta aflição. As minhas orações, inclusive aquela noite de oração passada em claro e com tanto sacrifício, são muito imperfeitas para atrair vossas bênçãos. Mas e a soma de orações que já se tem desprendido do coração de minhas Irmãs tão fervorosas, tão sacrificadas?

Obedecer? Tenho certeza de ter submetido todos os meus planos à Autoridade que vos representa, e de ter sempre agido de acordo com suas diretrizes. E, no entanto, quando penso ter dado um passo significativo, surge sempre um obstáculo externo que tudo destrói.

Sacrificar-se? Vós também conheceis as mortificações que tenho oferecido nessa intenção, assim como aquelas todas que tal causa já custou às minhas Irmãs. Mas reconheço que poderia sacrificar-me muito mais e, se a voz da obediência confirmar, vou experimentar, com vosso auxílio, a senda das imolações corporais, até cair exterminada no caminho. Contanto que faleis, Senhor, pois vosso silêncio me esmaga.

Dia 4 de janeiro

Tendo-me sido dito pelo confessor e pregador do retiro que o ato de abandono total de todas as minhas preocupações nas mãos da Providência é o maior ato de louvor que posso apresentar à Santíssima Trindade, preparo-me para fazê-lo no fim do retiro, nos seguintes termos: "Trindade Santíssima, cuja providência nunca falha em suas disposições, confiando cegamente na vossa onipotência capaz de todos os milagres e no Amor infinito com que vos amais e em vós me amais, interessando-vos pelas mínimas circunstâncias de minha vida; eu vos entrego a Congregação, com todos os seus membros e apostolados, cujas necessidades espirituais e temporais tão bem conheceis. É obra vossa. Não mereço vossas luzes. Mas esclarecei meu superior, a fim de que, pela senda da obediência perfeita (cega, muda e surda), possa a Congregação avançar com segurança e realizar plenamente a ideia que, ao criá-la, tínheis em mente desde toda a eternidade. Senhor, creio em vós, mas aumentai minha fé!".

Meu ideal: ser louvor do Pai, pelo abandono à sua providência, a serviço do Filho, pela mortificação de todo o meu ser, para a honra do Espírito Santo, pela minha santificação.

Resolução do retiro: não permitir voluntariamente nenhuma preocupação, recitando o Ato de Abandono nas ocasiões difíceis.

Explicitando minha oferta feita em 1942 e renovada em 1945:

– para a glória da Santíssima Vontade;

– pela Congregação.

Até ativa:

– não me queixar nem mesmo junto aos meus superiores. Só consultá-los particularmente, quando precisar de "orientação" e não for para desabafo;

– não me preocupar com a falta de vocações. Apenas fazer o que depender de mim para o recrutamento das mesmas, por dever de cargo;

– não procurar nenhum alívio para o corpo, a não ser por obediência ou prescrição médica;

– não me preocupar com as dúvidas quanto à vontade de Deus. Esperar pacientemente que as circunstâncias mostrem a decisão a tomar.

Aceito:

Em relação ao coração: em honra do *Espírito Santo*:

– privação de toda afeição, alegria e consolo, mesmo puramente espirituais;

– todos os sofrimentos morais que podem atingir o coração, inclusive a incompreensão e o desapego dos meus superiores e iguais; o fechamento de alguma casa; a extinção da própria Congregação.

Em relação ao corpo: em honra do *Filho*:

– todas as fadigas, dores e destruições físicas, inclusive a lepra e a demência.

Em relação à alma: em honra ao *Pai*:

– todos os sofrimentos espirituais que podem martirizar a alma, inclusive a privação de todo o apoio e das luzes de Deus.

Por ter compreendido que só podemos obter o máximo de rendimento de nossa vida na terra, pelo sofrimento, e não tendo coragem de ser eu mesma meu próprio verdugo. Contando exclusivamente com a graça de Deus.

22 de novembro

D. Jaime veio confessar as noviças, ao sair de seu retiro. Ao meu pedido de ser substituída no meu cargo, respondeu: "Se acho que uma outra superiora-geral mais unida a Deus, menos preocupada com os resultados externos e sim desejosa de cumprir a vontade de Deus, se acho que tal superiora receberia mais luzes de Deus para orientar a Congregação, devo querer ser tal superiora".

Quando Deus quer se utilizar de nós para alguma coisa, começa esvaziando-nos de nós mesmas. Deus quer a Congregação – "nunca duvidei disso", assegurou-me ele. Logo, todas as provações que estão dificultando a obra são apenas provações e não sinais de malquerença divina.

> *Entregar-me-ei totalmente! Com confiança, lançar-me-ei nos braços de Jesus.*

1953

Dia 6 de setembro

Retiro mensal: causa geral de minhas faltas – falta de fé no amor providencial e particular de Deus por minha alma, pela Congregação, prostração, revolta etc....

Luzes recebidas: Deus tem ciúme do amor de suas criaturas! Já experimentei em 1942, quando comecei a trabalhar pela Santíssima Trindade. Tenho cuidado muito da Congregação para a glória da Santíssima Trindade. Devo cuidar muito da Santíssima Trindade diretamente e através da Congregação.

Trílogo

– *crer* incondicionalmente no amor particular de Deus;

– *esperar* contra toda esperança;

– *amar* desinteressada e apaixonadamente a Deus em sua essência.

O único método para atingir Deus = exercício da presença de Deus, cujo fundamento consiste em conversar com Ele.

"A presença de Deus: é sentir-se confortável e se acostumar em sua divina companhia, falando humildemente e se entretendo amorosamente com Ele em todos os tempos, em todos os momentos sem regra e sem medidas... É fortemente perceber o engano em crer que o tempo da oração deve ser diferente de outros: somos estritamente forçados de estarmos unidos pela ação, durante nossas ações, quanto pela oração dentro de seu tempo" (Frei Lawrence da Ressurreição).

Apresentei as conclusões do meu retiro a D. Jaime, que as aprovou como teológicas, mas já me avisou que para atingir a Deus em sua essência terei que lutar muito contra a aridez e o desânimo.

Dia 27 de dezembro

Pacto de colaboração com o Pe. Geraldo Fernandes: pela santificação de sua alma sacerdotal... – minhas pobres orações e pequenos sacrifícios vespertinos. Ele oferece pela Congregação todos seus méritos da parte da manhã. Aceitou ajudar-me na formação da Congregação... a carregar o peso sob o qual às vezes sinto-me esmagada, pela minha impotência em resolver os problemas!

1954

Dia 3 de janeiro

Santo nome de Jesus

Meditação sobre a morte: muito em breve vou partir, apresentar-me diante de Deus... Sozinha diante da Majestade Divina, para prestar contas de minha vida.

Conclusão:

1. Responsabilidade eterna de cada ato que faço, de cada sacrifício que omito.

2. Desapego de toda criatura para facilitar a passagem "na porta estreita".

Resoluções práticas:

1. "Age quod agis" [fazer o mais perfeito possível cada coisa], faço-o com Deus – valor eterno de corredenção pelas almas.

2. Viver com o mínimo possível, com relação a coisas de uso pessoal. Pôr ordem perfeita, fazer o mesmo em todos os papéis de meu cargo.

Dia 4 de janeiro

Meditação sobre a Providência Divina, terminando com a entrega total de meus dois grandes problemas: sede em Juiz de Fora e vocações de servas.

Deus tem sempre me feito passar por dias e meses de agonia, de purgatório, antes de realizar os meus desejos. Mas acaba realizando todos os meus sonhos.

Resolução: Confiar, esperar sempre!

Dia 5 de janeiro

Minha meditação está girando em volta do que o Revmo. Cônego Zeno disse-me esta manhã na confissão:

– À Santíssima Trindade: toda a glória.

– Às almas: a salvação e a santificação.

– Para mim: os trabalhos, os sofrimentos, a simples instrumento... Lágrimas!

Convencer-me profundamente de que tudo quanto sai direito é obra de Deus – aprofundar melhor a realidade de que sou puro instrumento nas mãos d'Aquele que já tem seus planos e suas horas predeterminadas. Até agora me tenho considerado, na vida prática, como "colaboradora" ou chefe da firma; sei que nada posso sem Deus, peço-lhe que me secunde em meus planos para sua glória, mas nas horas que me parecem mais indicadas... Daí, ao encontrar a resistência divina, resultam as desconfianças, os desânimos, as faltas mais ou menos deliberadas! Acomodar-me ao ritmo divino "Espectadora das obras de Deus" (Madre Cabrini).

Os trabalhos dependem da graça Divina em mim; os frutos, os resultados, dependem exclusivamente de Deus.

Como instrumento dócil e amante, não me queixar da soma de sofrimentos, de cruzes que deverei talhar ou deixar gravar em meu corpo e na minha alma. Tenho tantos títulos que me prendem intimamente ao sofrimento:

– Mãe de uma Congregação destinada à santificação do clero, pela imolação de seus membros!

– Vítima oferecida a Santíssima Trindade pela difusão de seu culto.

– Pedido explícito para participar das cruzes de nosso venerando fundador.

– Consagração de uma parte de meu dia pela santificação do Revmo. Pe. Geraldo Fernandes.

> *Amar somente a vós, meu Deus.*
> *Quantas provações! Ao mesmo tempo,*
> *quanta felicidade!*

1955

Dia 20 de janeiro

Exame: tenho, parece-me, uma preocupação exagerada quanto à formação das religiosas e a organização das Casas. Assim, acabo preocupando-me mais que as próprias interessadas... e quanto ao segundo caso, às vezes, por causa de coisas materiais, sacrifico um pouco da caridade, da paciência e da bondade que as religiosas anseiam encontrar em suas superioras.

Sendo mais alma de silêncio, serei mais alma de oração, maior benefício para a vida espiritual da Congregação e para minha própria alma.

Resolução: "amor e silêncio".

1. *Silêncio*

a) nunca falar de mim a não ser com meus superiores;

b) dar minha opinião sobre coisas e pessoas só quando obrigada por dever de estado;

c) no recreio fazer sala às outras;

d) não transmitir dizeres de umas às outras; que elas se entendam diretamente;

e) só repreender quando tiver provas concretas, e nunca me basear só em dizeres alheios.

2. *Amor*

"Sede perfeitos como meu Pai celeste é perfeito."

A santidade adquirida ativamente é própria das almas heroicas. Minha fraqueza física e espiritual a ela não pode aspirar. Deixar-me, pois, santificar pelo Amor. Ao ver-me sempre pertinho Dele, Deus acabará tendo pena e abençoará a Congregação.

É o amor passivo que se manifesta pela aceitação confiante e amorosa da vontade de Deus em suas mínimas manifestações: temperatura, moleza física, alimentação (cardápios), vocações etc.... Como disse D. Jaime, Deus é o nosso dono; a obra é dele, Ele sabe o que faz substituir minhas preocupações por atos de abandono!

Em resumo: viver silenciosa, confiante e abandonada, só atenta ao Deus Uno e Trino que em nós habita. O verdadeiro silêncio é povoado pela atenção em Deus (em si mesmo ou em suas criaturas); a caricatura do silêncio é apenas a defesa egoísta de sua própria tranquilidade.

Retiro trienal: agosto a setembro de 1955, sob a orientação de São João da Cruz.

Conclusões práticas:
– procurar exclusivamente a vontade de Deus, consultando muito o Espírito Santo. "Deus só", isso acalma muitas preocupações, desânimos etc.... motivados geralmente pelo amor-próprio. É a noite ativa do Espírito;

– continuar a mortificação dos sentidos, sem lhes dar importância, principalmente no tocante à alimentação: não me deixar prender por poeiras...

– aceitar com amor as provações, principalmente o aparente abandono de Deus. Frutos: humildade – desapego da sensibilidade... até do prazer de rezar.

Nesses momentos:

a) redobrar a fidelidade;

b) trabalhar com afinco nas obras empreendidas, sem deixar-me derrotar pelos fracassos. Deus é que fez o 100% da obra; até minha colaboração instrumental na Congregação já é graça de Deus.

" O essencial é que Deus encontre em mim
a medida do Amor que ele me pede!"

1956

Com licença de D. Jaime, no *dia 13 de janeiro*, festa da Paternidade Divina, fiz a seguinte oferta: "Pai Eterno, ofereço-me como vítima pela Congregação. Quero, com vossa graça, servir de para-raios da Congregação. Em troca, peço-vos uma só graça: o desenvolvimento da Congregação, sua irradiação apostólica e a santificação de seus membros, a fim de que vosso mistério trinitário seja mais conhecido e honrado através do:

– cultivo das vocações sacerdotais e religiosas;

– santificação do clero;

– catequese".

Dia 15 de junho

Considerando que:

I. Segundo as palavras de meu diretor espiritual, falta-me o silêncio do coração, especialmente no que diz respeito aos desejos espirituais (desenvolvimento da Congregação; pessoas sensíveis, portanto, extraordinárias das bênçãos de Deus, sobre a Congregação e a sua origem divina).

II. Pessoalmente, a falta de desapego desses bens espirituais é que frequentemente me arrasta ao desânimo e à falta de confiança na Providência, de tão mortais consequências para minha alma.

III. Devo atualizar cada dia mais a graça do martírio da alma e do corpo, recebida no Batismo e confirmada pela minha profissão religiosa.

IV. Os maiores perigos para minha alma encontram-se dentro de mim, sob a forma de minha imaginação e de minha sensibilidade extremamente sensíveis.

– Para agradecer à Santíssima Trindade a graça deste primeiro decênio da Congregação e obter muitas graças para o futuro, neste dia 15 de junho de 1956 em que festejamos o décimo aniversário da Congregação, prometo a Santíssima Trindade:

1. Agradecê-la frequentemente pelas vocações até agora enviadas e nunca mais me queixar exteriormente nem mesmo com meus superiores.

2. Nunca mais me queixar interiormente, nem com Deus, nem comigo mesma, reservando-me apenas o direito de chorar, quando for indispensável o desabafo.

3. Nunca mais permitir que meus pensamentos, minha imaginação, divaguem conscientemente fora de Deus, a não ser que meus deveres de estado assim o requeiram.

Dia 2 de dezembro

1º Domingo do Advento

No dia 20 de novembro estive em peregrinação em Caravaggio, onde vinha rogando a Nossa Senhora que me esclarecesse a respeito do meu lema, e veio-me à mente um que me satisfaz plenamente, essencialmente dentro de minha missão de "serva": *servir contemplando* (isto é, trabalhar por Deus, sem perdê-lo de vista).

Anteontem, no meu retiro mensal, três pensamentos que quero gravar profundamente em minha alma vieram ajudar-me a cumprir meu lema com coragem e constância:

1. Falta só um pouquinho para a volta para a casa do Pai... e a recompensa é eterna.

2. Deus não pede resultados, mas o esforço na luta.

3. Tudo o que contribui para rebaixar-me a meus próprios olhos e aos dos outros, é uma grande graça de Deus.

– A essência do amor = busca da presença do ser amado. Como?

a) fidelidade perfeita a todos os encontros diretos marcados pelos exercícios espirituais de Regra e pelas horas suplementares de oração permitidas pela obediência;

b) nos intervalos das ocupações, recolher-me rapidamente na cela interior, onde a fé me diz que Ele me espera.

c) nas dificuldades, consultá-lo, embora sem a esperança de uma resposta imediata;

d) nas ocupações, não procurar despachá-las apressadamente a fim de recolher-me, pois elas se sucedem numa cascata sem fim e poderiam arrastar-me indefinidamente na dissipação de uma atividade natural. Antes, fazê-las calmamente, com Deus, sem perdê-lo de vista. Se Deus me dá essa sede de sua presença, é porque pretende saciá-la;

e) nos sofrimentos lembrar-me de tudo quanto Ele sofreu por nós;

f) na escuridão desalentadora da aridez espiritual, pedir-lhe humildade e fidelidade: "Senhor, eu creio, mas aumentai minha fé!".

Só uma coisa é minha razão de existir:
a glória da Santíssima Trindade

1957

Janeiro

Diretrizes do pregador do retiro, Pe. Meneguzzo:

1. Para atrair luzes de Deus sobre os problemas da Congregação, confiar essa intenção às orações da comunidade, mas não aumentar o número de minhas horas de oração. Isso pode ser cilada do demônio para esgotar-me as forças físicas.

2. Do mesmo modo, usar pouco os instrumentos de penitência. Deixar isso para mais tarde, quando eu estiver mais forte. Diz o padre que mesmo exteriormente se nota que estou fraca, cansada. O demônio pode iludir-me e o depauperamento das forças físicas aumentarem as dificuldades fisiológicas, em vez de apaziguá-las.

3. Caso meu diretor aprovar, posso preparar-me para pronunciar o voto de abandono nas mãos da Providência. Para começar, não fazê-lo sob pena de pecado.

4. Como a comida de sal que me oferecem é o cardápio que a Santíssima Trindade preparou, em vista do meu futuro voto de abandono, é melhor comer nem que seja um pouco, de tudo quanto me servirem, mesmo que tenha de adoecer. Então, se o médico prescrever outra coisa, terei o mérito da obediência às suas prescrições. Se me servirem alguma exceção, aceitá-la. Obrigar-me a comer comida de sal só uma vez na semana, no jantar. No resto do tempo comer bem daquilo que tenho facilidade até fortificar-me.

5. Defeitos a corrigir: mortificação na alimentação, impaciência e irritabilidade, amor-próprio. Defeito dominante: amor-próprio.

Virtude a praticar: união com Deus. Ao constatar as falhas, procurar descobrir as causas dessas falhas, e acharei meus defeitos, principalmente o dominante.

6. Incentivar muito as irmãs (logo, começando por mim), o espírito de amor e o espírito de renúncia. Lembrar-me do título do livro que me emprestou: *O segredo do amor divino ou a perfeita renúncia.*

Resolução do retiro: esforçar-me por fazer perfeitamente o dever do momento presente, com Deus presente, ou "servir contemplando"!

Dia 25 de março

A fim de dar à Santíssima Trindade, a cada instante, o máximo de glória e de amor que de mim espera, e confiando única mas totalmente na graça divina, faço o voto "do mais perfeito" nas seguintes intenções:

1. Difusão do culto da Santíssima Trindade.

2. Santificação e desenvolvimento da Congregação das Servas da Santíssima Trindade.

3. Santificação e recrutamento do clero.

4. Salvação do mundo.

5. Alívio das almas do purgatório.

Condições:

a) Nos casos em que eu estiver em dúvida quanto ao discernimento do mais perfeito, não fico obrigada ao voto enquanto não tiver ocasião oportuna de consultar.

b) Feito com a licença do meu diretor espiritual, na festa de Nossa Senhora da Santíssima Trindade (25 de março) de 1957, coloco sob sua especial proteção este voto que no início renovo mensalmente, aos primeiros sábados.

Dia 16 de abril

Terça-feira Santa

Acabei de salvar do fogo essas folhas, retirando-as de um pacote de cadernos bichados... antigos cadernos de Louvain, objetos de tantas preocupações e triunfos passados... assim eu também, em breve, terei o corpo inerte e gelado carcomido de bichos, enquanto minha alma terá seu primeiro encontro com a Santíssima Trindade. Tudo passa tão rapidamente... e então serei julgada pelo Amor, no dizer de São João da Cruz. Mas, Senhor, não é a perspectiva do seu julgamento que me incita a vos amar. O que é então? Eu mesma não sei dizer... até pouco tempo não podia nem ouvir dizer a palavra "amor" que me impressionava mal, como uma ironia dolorosa. Só pode haver amor quando há identidade, igualdade ente dois seres e vosso silêncio, vosso desapego ou, antes, vossa indiferença aparente cavava entre nós um abismo intransponível. Sofri, chorei, desesperei-me de atingir-vos... E vós, Trindade Adorável, envolta nas tenebrosas nuvens que só a fé atravessa, vós continuastes e continuais vosso trabalho silencioso e quase imperceptível de identificação de minha alma convosco. Invadindo-a, apossando-se dela "fortalecer e suavizar", realizando nossa súplica cotidiana: "Senhor, que em nós só haja vós". Como as ondas dominadoras do mar, vós avançais sempre vossas conquistas... Minha inteligência e minha memória já se renderam, já são vossas. Minha vontade, outrora tão tenaz, está perdendo sua resistência... parece-me que o golpe mortal foi a decepção da "chácara São José". Vejo que sois Ato Puro, e todos os acontecimentos e pessoas são apenas fantoches nas mãos de vossa providência.

Se tal fosse vossa vontade, passaria feliz o dia todo parada, concentrada em vossa ação poderosa. Adoradora de vossa ação em cada uma de vossas criaturas, e principalmente nos próprios recônditos de vossa divindade, sinto que, pela vossa invasão contínua em minha alma, esta, sem perder sua identidade, se vai perdendo como uma esponja no oceano de vosso amor. E, assim, sois vós mesmo que encontrais na minha alma... e a identificação que antes parecia impossível vai se consumando... e eu vos vou amando com vosso próprio amor!

Senhor, agradeço-vos a graça concedida na minha meditação de sábado: sim, visto que o nosso sofrer vos dá glória, quero sofrer 100%, isto é, sofrer sorrindo. Os meus dias transcorrem numa escalada ininterrupta de "sim", de aquiescência à vossa divina vontade, principalmente no tocante aos problemas da Congregação. "Em ti espero, Senhor, não me deixes confundir eternamente", foi o pensamento que escolhi para o santinho de minha primeira profissão religiosa.

Eu vos amo, só porque sois minha Trindade de Amor. Que cada instante o meu dia seja como uma fundição do meu ser no fogo abrasador de vosso ser!

Dia 4 de agosto

Teresópolis, 8º Domingo depois de Pentecostes.

Escolhi no coro da capela um lugarzinho em frente à imagem do Coração Eucarístico de Jesus, a fim de que Ele me ensine a amar. Ontem compreendi sua lição, mas minha imaginação irrequieta e obcecante atormenta-me simultaneamente, dificultando-me a prática. Que contraste entre a atração divina e as paixões humanas! Que fragilidade a nossa, nem podemos contar com nosso amor: é fumaça que se esvai... é perfume que se evapora...

Compreendi ontem que todos os meus anseios devem concentrar-se num só ato: amar o Amor com seu próprio amor. Isto é, passar meus dias num ato ininterrupto de amor, deixar que o Espírito Santo ame a Deus em mim. Assim sendo, no mais me preocuparei com a mesquinhez do meu amor humano. Este será como uma gotinha d'água perdida na imensidão do amor divino que em mim se hospeda. A Ele entrego todos os problemas da Congregação, todas as almas a mim confiadas... Ele cuidará de tudo, e eu só cuidarei de perder-me no seu amor.

Dia 6 de agosto

Festa da Transfiguração

A Santa Missa restituiu-me parcialmente a paz, embora continue minha impressão de insegurança, de impotência total no mundo espiritual e material. Vou procurar escrever com a esperança de que, coordenando minhas ideias, consiga dominá-las.

Li que, para obter pureza de coração, condição da união com Deus, é necessário e basta ser fiel às inspirações do Espírito Santo. Comecei a sentir um mal-estar espiritual, pois um dos meus maiores sofrimentos espirituais e causa de meus desânimos é justamente o fato de não ter confiança no que às vezes me parece ser inspiração do Espírito Santo. Receio confundi-la com minha imaginação, donde tantas contradições ou inconstâncias aparentes nas minhas decisões. Sinto uma sede de "certezas matemáticas" para agir com segurança. Não me lembro de ter agido nunca contrária a uma inspiração "certa" do Espírito Santo.

A continuação da leitura agravou meu mal-estar: muitas vezes recebemos as inspirações do Espírito Santo, mas em seguida sentimos muitas dúvidas e repugnâncias provenientes de nossa natureza decaída e elas ficam sem efeito... e assim a graça vai alumiando nossa alma para apagar-se logo depois. "Se fôssemos fiéis às graças, viveríamos em perfeita luz para nós e para os outros". Senhor, e eu que tenho sempre dúvidas quanto à "certeza" de vossa vontade. No entanto, não tenho consciência de resistir voluntariamente ao impulso da graça...

Como me lembrei de aproveitar a minha estadia em Teresópolis para procurar um sítio que servisse para noviciado ou casa de oração, logo fiquei na dúvida se essa atividade iria perturbar a semana de oração que vim passar em Teresópolis. E se essa vinda, no plano de Deus, fosse só pretexto para me fazer encontrar a propriedade tão almejada?... e ainda por cima, mal eu parava na capela, minha imaginação vinha atormentar-me tirando-me todo o recolhimento. Fiquei desorientada e amargurada com as consequências. Tive ímpetos de ir embora... Precisava confessar-me e tive repugnância de fazê-lo com o único sacerdote que poderia atender-me. Mas tive receio de agir com precipitação e perder tão boa ocasião de passar alguns dias de completo recolhimento. E se tudo isso fosse apenas cilada do demônio?!

Dia 10 de agosto

Festa de São Lourenço

Em presença da imagem do Coração Eucarístico de Jesus, após lhe ter beijado as mãos chagadas, entregando-lhe o porvir da Congregação, quero redigir as lições dadas pelo seu amor:

– Problemas da Congregação:

1. Pessoal
2. Casa de oração (Casa Mãe)
3. Casa de noviciado

– Para atrair os meios e as bênçãos divinas sobre eles:

I. Oração e penitência
II. Caridade no seio da Congregação
III. Caridade no apostolado

I. Oração e penitência:

– ativar a novena por turnos;

– ativar a adoração dos primeiros domingos do mês;

– oração pela Congregação após a adoração.

– Estar contente com tudo, não me queixar de nada.

II. Caridade no seio da Congregação:

O grande obstáculo é o amor-próprio, evitar:

– menosprezar as outras ou seus trabalhos, desculpando facilmente;

– queixar-se das Irmãs mesmo com as superioras;

– julgar mesmo interiormente as intenções e atitudes alheias;

– ao receber algum pedido, colocar-se em seu lugar, antes de responder.

III. Caridade no apostolado (dentro de nossa finalidade):

A. Caridade espiritual: oração e penitência:

– intensificar as intenções semanais pelas almas (segunda-feira), pecadores (terça-feira), agonizantes (quarta-feira), Igreja do silêncio (quinta-feira), sacerdotes (sexta-feira), Congregação (sábado);

– afervorar a reparação das sextas-feiras e dias de reparação;

– afervorar a adoração das primeiras quintas-feiras;

– afervorar a oração antes da missa e do oferecimento do dia.

B. Caridade intelectual e material (dentro de nossa finalidade):

a) *Juvenistas, postulantes e noviças*: cuidar da saúde, indumentária, estudos etc.... pelo seu bem próprio, sem visar exclusivamente a interesses da Congregação; assim, mesmo que saiam, o bem foi feito e Deus nos pagará no céu ou mesmo na terra.

b) *Pré-seminaristas:* continuar a aceitá-los mesmo gratuitamente em Juiz de Fora; oferecer ao Seminário Diocesano algumas vagas gratuitas. Nas missões catequéticas, procurar as vocações e encaminhar para o seminário, procurando padrinhos que as mantenham.

c) *Catequese:* procurar catequizandos, ou levar Deus até os meios mais pobres e miseráveis. Isso tornará nosso coração mais compassivo, far-nos-á restringir mais o necessário para poder suavizar-lhes a vida, e nos tornará mais fortes no suporte das pequenas coisas que Deus nos envia.

d) *Clero:* costurar mesmo gratuitamente para os mais pobres, e que seja pago pelos benfeitores. Isso tanto com respeito às roupas de seu uso como às da capela. Auxiliar as paróquias pobres com material catequético gratuito ou arranjando, e que seja pago pelos benfeitores.

Dia 28 de novembro

Dia de Ação de Graças

Nossa Senhora da Santíssima Trindade, bem vedes a que extrema penúria espiritual ficou reduzida a Congregação sob meu governo. Sou a impotência pecadora! Mas não quero, por minha culpa, privar a Santíssima Trindade da glória que esperava da Congregação, nem tão pouco prejudicar minhas Irmãs de ideal.

Meu único recurso é, pois, demitir-me secretamente de meus cargos de fundadora e superiora-geral, nas vossas mãos de "onipotência suplicante".

A partir de hoje, considero-me como vossa secretária, entregando-lhe totalmente todas as necessidades espirituais e temporais do Instituto como tal e de cada serva em particular.

Ao vosso coração de Filha de Deus Pai, de Mãe de Deus Filho, e de Esposa do Espírito Santo, confio o desenvolvimento e o futuro das servas da Santíssima Trindade, para a maior glória de Deus Uno e Trino. Amém.

(Ato de demissão a ser feito no próximo dia 8 de dezembro).

Não há trilha que conduza para Deus

que não ofereça inúmeras cruzes

1958

Dia 31 de maio

Vigília da Festa da Santíssima Trindade

Nosso Senhor fez-me compreender que minha atitude atual deve ser: *Amar – Sofrer – Calar.*

Para ajudar-me, pensar nos sofrimentos de meus irmãos da Igreja do silêncio. Sofrer calada para ajudá-los.

Depois de três dias preparatórios à Magna Festa, em que o pavorismo de minhas angústias atingiu seu máximo pelas considerações nas reuniões do conselho, em meio a circunstâncias especialmente penosas... e ao mesmo tempo com Deus tão próximo, tão perto... Renovei hoje minha oferta como vítima para desabrochar da Congregação. Vou procurar renová-la diariamente na Santa Missa. Dou tudo... aceito toda espécie de sofrimento... visto ter-me assegurado que Deus nada envia acima de nossas forças.

A Congregação da Santíssima Trindade! E tão mal servida... Senhor, tende compaixão de vossas servas!

"Se o grãozinho não apodrecer e morrer, não produzirá frutos". Apodrecendo já estou:

– Cada vez vejo e veem melhor minhas misérias.

– Não estou sendo uma serva forte para a Congregação: frutos tão pouco numerosos... tão frágeis.

– Não estou sabendo tratar os casos difíceis entre professas e noviças... Calar-me, para não estragar mais ainda.

– Sinto que perdi a confiança de meu superior, de meu confessor, sem que minha consciência indique uma causa precisa.

Criaturas humanas, obras, vocações, minhas irmãs... em volta de mim só vejo escuridão. E no meio dessa escuridão o clarão da presença da Santíssima Trindade, como o despertar do sol!

Sinto que vou encaminhando-me para um abismo bem próximo de sofrimentos, de incompreensões... "Em vossas mãos entrego me espírito". Amar, sofrer, calar!

Dia 28 de agosto

Vigília do Coração Imaculado de Maria

Estou por terminar este caderno iniciado há quase 13 anos. Reflexo das provações que precederam e acompanharam a fundação desta querida Congregação. Mas, ao lado das provações, quantas graças! Só no céu poderei avaliá-las e agradecer-vos menos indignamente. Quero por hoje me unir ao *Magnificat* de nossa madre-geral e mestra para agradecer-vos especialmente pelo período longo, doloroso e tão fecundo que mereceu a "crise de transição" pela qual passou a Congregação entre seus 11 e 12 anos de existência.

Desde o Carnaval de 1957 até o mês de julho tão abençoado de 1958: esgotamento da superiora de Juiz de Fora... perda da mestra que a substituiu... donde o acúmulo de trabalho para mim... doença da Madre Regina Coeli... que acarretou dificuldades na Comunidade de Juiz de Fora, órfã e com noviças do segundo ano... preocupações e dificuldades provocadas pela adaptação do hábito... preocupação com a vocação gaúcha... Viagens e fadigas necessárias ao encontro de um local indicado para noviciado... preocupações que precederam e seguiram a fundação da Casa de oração... Dificuldades provenientes da falta de pessoal nas casas... dúvidas angustiantes sobre o fechamento de algumas... dúvidas sobre nossa fidelidade às finalidades da Congregação... a última gota de fel foram as amarguras curtidas nas reuniões do conselho que precederam a Festa da Santíssima Trindade.

Finalmente o mês de retiro das professas de votos perpétuos na ermida, com suas fecundas reuniões, vieram como para revelar as servas a si mesmas! O céu desanuviou-se! Vimos que estamos perfeitamente dentro das finalidades da Congregação querida por Deus, vimos que entre nós havia muita caridade, pusemos em dia as adaptações das Constituições, diretório e costumeiro, exigidas pela experiência destes 12 meses... fizemos a refusão do cerimonial exigida pela atualização do hábito... as dificuldades iniciais da Casa de oração se aplainaram... novas vocações vieram reforçar-nos e parece que Deus me devolveu a confiança de D. Jaime e do Pe. Léo Cavalini. Sinto-me "moída" mas feliz, como em Louvain, após os exaustivos exames coroados de êxito que tanta alegria dava aos meus superiores. Mas agora, com imensa diferença... *Sim, meu Deus, é que sinto principalmente o quanto esse ano de lutas estreitou nossas relações de amor e entrega mútua. Sim, meu Deus, é preciso sofrer para vos conhecer e vos amar. Obrigada! Sempre mais!*

Em agradecimento pelas inúmeras graças recebidas de Deus, quero redobrar a fidelidade, explicitando e praticando ao pé da letra meu ideal, de acordo com as luzes recebidas no retiro anual de agosto.

"Só Deus – Presente no momento presente – na pura fé."

I. Só Deus

Exclusão de toda criatura que me distraia de Deus. Até agora fiz o que pude para dar glória a Deus. Muitas vezes, deixei-me levar por intenções imediatas (desejo de vencer obstáculos, amor-próprio, necessidade de apoio sensível, desejo de terminar algo iniciado ou agradar alguma criatura). Passando, assim, a glória de Deus para o plano secundário. Agora Deus deve passar para o primeiro plano; e todo o resto conservar apenas seu valor relativo:

1) Congregação

Meu papel: representante visível da única madre-geral, Nossa Senhora da Santíssima Trindade. Minha autoridade é apenas relativa.

Consequências: nada fazer de mais importante sem consultá-la pela oração direta – para facilitar o espírito de fé das religiosas, procurar imitar seu recolhimento e sua dedicação maternal. Só Ela pode santificar as Irmãs. Só Ela pode suscitar boas vocações que tornem possível o desenvolvimento prático das três finalidades apostólicas da Congregação.

Ela o está fazendo devagarzinho e tirou-me toda a preocupação a esse respeito. Ficarei apenas atenta para captar suas inspirações confirmadas pela obediência.

2) Apostolado externo

Tenho uma pena imensa das almas que não vivem só para Deus. Mas são tantas... que o apostolado direto não pode ser para mim um meio de expandir o desejo de salvar os homens. O meio mais eficaz é a oração fecundada pela mortificação.

Mas devo recorrer ao apostolado como "realização no tempo" dos planos de Deus sobre a Congregação. Sofro constantemente entre o desejo de permanecer em comunhão direta com Deus e o dever de ir aperfeiçoando a organização geral da Congregação pela prática de suas finalidades.

Quanto à minha colaboração pessoal no apostolado, guiar-me unicamente pela obediência.

3) Leituras espirituais

Estou enfastiada de leituras; tenho sede de ler só o que trata da união com Deus. Donde minha atração pelas obras de Thomas Merton, especialmente *Ascensão para a verdade*. Senti que era compreendida, ao ler à p. 16: "a alma chega à distinção existente entre Deus em pessoa e Deus como é contido em nossos conceitos sobre Ele". Quando um desses raros livros que me alimentam caem nas minhas mãos, excedo a medida.

Ler só na hora de leitura da Regra. No resto do tempo: viagens etc.... entreter-me diretamente com Deus.

4) Direção espiritual

Ficar perseverante na direção espiritual mensal.

Renovar o voto de obediência aos sábados. Nada pedir: nem penitências, nem alívios, nem explicações. Obedecer cegamente, sem olhar a pessoa, vendo-a como porta-voz de Deus.

5) Graças divinas

Nada desejar, nada pedir. Aceitá-las todas com gratidão e humildade.

II. Presente no momento presente

Presente:

– substancialmente e amorosamente na minha alma;

– como Criador, na ação atual para a qual pede minha cooperação;

– como Santificador, agindo incansavelmente em minha alma através do momento atual.

O *momento presente* é como um sacramento que me comunica Deus.

A sequência ininterrupta dos "momentos presentes" estreita cada vez mais a união da alma com Deus. São como centelhas volantes e sucessivas, fundindo-se, contudo, num imerso e único braseiro.

Atualizar ao máximo a pureza de intenção em cada uma de minhas ações. Afastar calma e energicamente qualquer criatura que se interponha a essa corrente elétrica, sob risco de neutralizá-la.

III. Na pura fé

"... a luz da caridade abre caminho à caridade infusa. ... pelas locuções, o Espírito Santo comunica à alma a sabedoria relativa a uma ou duas verdades... mas da outra maneira comunica-se-lhe toda a Sabedoria de Deus em geral, a qual é o Filho de Deus que se dá à alma na fé" (*Ascensão para a verdade*, p. 147).

Dia 23 de novembro

Vigília de São João da Cruz

Senhor, que cada casa da Congregação, que cada serva sejam um foco de irradiação da Santíssima Trindade! Nessa intenção, dar meu máximo a cada instante, pelo tempo que Deus me der de vida.

Só uma coisa importa: aceitar, amar, alegrar-se com a vontade de Deus, no esquecimento total de si mesma.

Esta semana caí duas vezes no primeiro ponto do meu programa, mas fui bem castigada pelas decepções que Deus permitiu. Exigências do amor divino: "ciúme é inflexível como a moradia dos mortos".

No sofrimento da chaga sempre aberta, grande paz, na certeza de uma realização futura das minhas aspirações. Por enquanto, Deus quer a doação total... na pura fé!

Dia 24 de novembro

Empregar toda a minha força de alma, colocar toda a minha felicidade na concretização da vontade de Deus... tal como se manifesta a cada momento... por mais penosa e incompreensível que pareça ser à minha razão humana.

É o dom supremo do amor!

Dia 7 de dezembro

Avançar na senda escarpada e espinhosa da perfeição, iluminada pelas três estrelas das virtudes teologais:

1. Fé: buscada unicamente na autoridade da palavra divina, principalmente no que diz respeito aos meus dois pontos fracos: Providência Divina; eficácia das orações.

Deus é o grande Incompreensível. Envolver-me na imensa nuvem que o esconderá à minha razão até a visão face a face. Só nosso amor pode atingir Deus substancialmente neste mundo. Nosso conhecimento, nada.

2. *Esperança:* esperar só em Deus, e apesar de todas as aparências contrárias. Não foi por acaso que, na lembrança de minha profissão, o Espírito Santo inspirou a escolha do texto: "Em ti, Senhor, espero, não serei eternamente confundida".

3. *Caridade:* amar a Deus só porque é Deus e, portanto, digno de ser amado. Amar o próximo por ser filho de Deus e porque Ele o quer. Sem visar a nenhuma gratidão ou recompensa.

Compreendi como Deus já me veio preparando para essa jornada trinitária, inspirando-me a tempos o meu lema atual: "Só Deus no momento presente na pura fé!".

– "Na pura fé" sob a proteção do Pai, princípio da verdade inefável!

– "No momento presente" sob a proteção do Filho, do qual espero a força para comungar a cada instante com sua Santíssima Vontade, como num sacramento ininterrupto.

– "Só Deus" sob a proteção do Espírito Santo, que há de consumir todas as estranhas ao puro amor de Deus, até a consumação de todo o meu ser por esse fogo devorador de que fala São Paulo.

Compreendi também como o programa de meu retiro mensal de novembro se coordenou nessa jornada trinitária; seus seis pontos nela já se achavam virtualmente incluídos.

Dia 13 de dezembro

Conservar-me continuamente à disposição da Santíssima Trindade por uma completa desapropriação da minha alma e do meu corpo. Permanecer mergulhada na Santíssima Trindade...

pela fé, esperança e caridade. Não faço atos respectivos a essas virtudes... é uma atmosfera que me envolve.

– Na fé, vislumbro o Pai...

– Na esperança, o Filho...

– Na caridade, o Espírito Santo...

Perder-me de vista... viver da vida que em mim habita. Falar, agir, só quando lhe agrada fazê-lo por mim... do contrário, ficar em Deus. Desapropriar-me até de minha cruz: não é mais minha... apenas ajudo Jesus a carregar uma parcela de sua cruz redentora.

> *Quando não se tem nada para falar*
> *com Deus, deve-se calar e ouvir*

1959

Nos anos de 1959 até 1983 as anotações de Ir. Maria Celeste são a partir de acontecimentos importantes. Finaliza seus registros com a oração "O entardecer ou a plenitude da vida", verdadeira "pérola" que nos revela sua maturidade e grandeza espiritual. Uma mulher despojada e esvaziada de si por uma profunda comunhão com a Trindade a quem tanto ama.

Dia 11 de janeiro

Retiro mensal – Caxias do Sul

No íntimo de minha alma, estou preparando a festa da Paternidade de Deus, e Ele muito tem me ajudado! Até o fato de encontrar-me numa casa ainda muito insegura quanto às obras e meios de subsistência... auxilia a convencer-me especialmente que somos mais dependentes de Deus do que uma criancinha nos braços de seu pai. Espiritualmente estou nessa atitude e aí me sinto bem, embora às vezes a sensibilidade sofra no meio de tanta insegurança que me cerca; mas isso é por falta de fé, e sinto que esse mesmo sofrimento é o vínculo de que se serve Deus para aumentá-la. Creio que Deus me deu um pai, segundo a carne, tão dedicado com a Congregação e comigo, embora de poucas demonstrações afetivas, para inculcar em minha alma um grande afeto filial, dar-me uma ideia da riqueza encerrada no vocábulo "Pai"! E, ao mesmo tempo, para preparar-me para a senda da fé pura que seria minha rota cotidiana.

O Pai Celeste é a fonte de todos os bens, daí o segredo de viver na certeza e na segurança, embora eu ainda não o consiga.

Mas o que Deus está operando em mim é o desapego total das criaturas e de mim mesma. Sinto um vazio tão penoso em volta de mim... a todo instante parece-me que vou escorregar, e não vejo ninguém em quem me apoiar. Não sinto compreensão integral nem mesmo naqueles que pareciam ter sido colocados no meu caminho para serem meus cireneus.

Dizem que sou extremista, exagerada. Creio que têm razão. Mas o que não entendem é que isso é uma consequência inevitável da extrema fraqueza de minha alma. Não quereria ser assim... mas uma vez que sou tão frágil, devo preferir desgostar dos homens, se isso for necessário para salvaguardar os direitos exclusivos de Deus. Há poucos dias, fiquei muito consolada: disse-me o Pe. Leo Khöler que cada alma deve seguir seu caminho; e que a própria Santa Teresa achava São João da Cruz, com quem minha alma tanto sintoniza, um pouco exagerado. Disse que muitos santos não aprovam São João da Cruz, pelo afastamento total das criaturas, e, contudo, a Igreja aprovou sua doutrina. Cada alma tem o seu feitio próprio!

Dia 18 de janeiro

O Pai quis encorajar nossa confiança filial enviando-nos um donativo, a notícia da nomeação de duas professas... Muito me tem ajudado o livro sobre a Santíssima Trindade *Mystère primordial*. O assunto nos arranca de nosso "eu" e uma vez que, durante a meditação, o centro de interesse se encontra nas Pessoas Divinas, é mais fácil continuar assim no correr do dia. Mas minha alma continua insatisfeita... sinto uma exigência espiritual do esquecimento total de minha pessoa, de uns problemas, até de minha alma... Parece-me que, nas horas que fico na capela rezando por todas aquelas intenções: vocações, Irmãs, casas, finalidade da Congregação, grandes intenções da Igreja etc.... vislumbro que eu deveria concentrar-me só em Deus Uno e Trino. É claro que se me ocupar dele, Ele se ocuparia desses problemas e necessidades que conhece melhor do que eu. Tenho refletido muito, antes de chegar a tomar essa atitude.

Estive lembrando que uma senhora casada me dizia que seu marido exigia que, no tempo que ele estivesse em casa, ela só cuidasse dele e não ficasse absorvida pelas crianças. Pareceu-me um tanto egoísta tal desejo, mas depois compreendi que nos temperamentos extremistas qualquer afeto humano profundo exige exclusividade: esfria à medida que se nota repartição. É verdade que isso pode ser um defeito, o que seria um absurdo em Deus; mas como a graça aperfeiçoa a natureza humana sem destruí-la, pode ser que Ele exija de certas criaturas esse interesse exclusivo, menos por Ele, do que para o próprio bem delas. Vou aguardar que Deus me esclareça com mais clarividência.

Dia 26 de janeiro

Não sei como agradecer a Deus tantas graças e luzes que tem me concedido nestes últimos dias! Ao ler o discurso de Sua Santidade João XXIII, aos bispos participantes da III Reunião do CELAM, e aplicando-o à vida religiosa, especialmente à nossa Congregação, veio ser atingida em cheio a causa principal de escassez das servas. Falta de seiva na árvore... maior falta de frutos.

Todas as Congregações tiveram santos fundadores? Aqui, no início, afastei essa preocupação contando com a santidade de D. Jaime. Mas a Providência permitiu que as servas se beneficiassem de sua influência, cumulando-o de cargos que o foram afastando necessariamente. Então, tudo recai sobre mim, desprovida das forças espirituais necessárias para poder dar um forte impulso à Congregação! Tenho que purificar-me; falta de vocações e falta de religiosas bem formadas. As mesmas dificuldades de sempre!

Meu único papel agora é ser mendiga de Deus, mendiga da Santíssima Trindade; mendigar continuamente:

– forças espirituais para minha alma;

– graças para todas as necessidades da Congregação;

– graças para todas as necessidades da Igreja;

– graças para todas as necessidades do Brasil;

– graças para todas as necessidades do mundo;

– pedir, pelas minhas palavras, silenciosas atitudes.

Aceitar de não ver, em vida, o resultado de minhas preces.

Dia 24 de setembro

Não quero deixar passar o dia de hoje sem assinalar a grande graça que acabo de receber ao preparar meu tema de meditação no livro *Confiança*, de Schivers. A grande angústia de minha alma nestes 18 últimos anos era a irrealidade das explicações ouvidas até hoje de que a fé, a confiança, obtêm todas as graças espirituais; como não experimentava a veracidade de tal afirmação, procurava mil explicações para os meus pedidos até hoje não atendidos... estendendo-se minha angústia até o Evangelho: "Pedi e recebereis...???" Posso afirmar que a amargura das decepções, das dúvidas etc.... foi meu purgatório destes longos últimos anos.

Esta noite entendi: o único objeto certo de nossa esperança é a posse de Deus na eternidade. Todas as outras graças espirituais: união com Deus nesta terra, apoio de uma direção espiritual, êxito nos nossos empreendimentos, vitória sobre as paixões etc.... tudo isso faz parte dos desígnios que Deus tem sobre cada alma... desígnios esses que estão muito acima de nossos conhecimentos humanos. Pode ser que só sejam necessários dentro de nossos planos humanos. Deus também pode querê-los, mas em outros momentos de nossa existência humana. Conclusão importantíssima para a paz da minha alma. Deus é fiel em suas promessas, uma vez que o "pedi e recebereis" só se refere à sua posse na eternidade. Sinto como se houvesse arrancado um poço de amarguras do meu coração. No entanto, é inexplicável a razão disso, uma vez que ignoro se o objeto de meus grandes desejos está dentro dos planos de Deus sobre a Congregação e sobre a minha alma.

Vejo tão claramente que não convém alimentar o desejo nem mesmo de graças espirituais, pois, na realidade, a posse de Deus na eternidade é o "único necessário".

A essência do amor é busca da

presença do ser amado

1963

Retiro anual – Gaudete

Ainda faltam três dias de retiro, mas sinto que o alimento de que minha alma necessitava, a Santíssima Trindade já me deu, na meditação de ontem sobre a confiança. Identificando-me excessivamente com a Congregação, esta se transformou no meu "ídolo", e a parábola fechou-se numa elipse. Então começaram as preocupações excessivas até na oração, uma vez que Deus em si mesmo deixou de ser o meu eixo. Não encontrando Deus na minha oração, esse sofrimento me fazia procurar uma fuga em distrações que ainda mais distraiam meu espírito da Trindade. Compreendi tão claramente tal mecanismo, que sobre isso baseio minha resolução de retiro. Confirmo as mesmas dos outros anos:

– "Viver o momento presente com Deus presente", mas quero fazê-lo profundamente, como no tempo em que, desde o primeiro instante do dia, eu sentia Deus viver em mim e dele vivia enamorada o dia todo.

– Para auxiliar meu espírito e se encantar nesse espírito, reler a vida e obras referentes à Sóror Isabel da Trindade e São João da Cruz.

– Viver cada instante de meu dia com a Santíssima Trindade, e nela abismada, como se depois dessa ocupação o véu de minha existência terrena fosse rasgar-se, permitindo-me a visão face a face!

– Nos momentos de dispersão, imaginar o que será o encontro de minha alma com o Pai, com o Filho, com o Espírito Santo de ambos.

1964

Dia 21 de novembro

Na próxima semana, a liturgia inicia o movimento do Advento. Sinto que este tem para mim um significado especial este ano: o Advento de Cristo em cuja presença comparecerei em breve para prestar contas de minha vida: dentro de dois meses completarei 50 anos!

Tenho um pressentimento de que não verei o desabrochar da Congregação, tão frágil ainda quantitativa e qualitativamente falando: "se o grãozinho não apodrecer e não morrer..." só falta a morte física, pois moral e espiritualmente, sinto-me aniquilada, sem forças e sem ânimo; por isso quero, de hoje em diante, desabafar-me nesse caderno, como remédio indicado pelos psicólogos para combater a depressão. Penso que Deus nunca permitirá que goze a segurança de saber-me orientada (na minha alma e no governo da Congregação) por um sacerdote esclarecido e firme. Desde menina, sinto disso tão grande necessidade, desde que chegou o momento de estudar e decidir minha vocação. Talvez Deus tenha receio da fragilidade de meu coração e prefira ser Ele mesmo meu diretor, eficiente, mas na aridez da pura fé. As estruturas da Congregação estão firmadas, sua meta específica está traçada. Outras presidirão seu desabrochar.

Na Congregação encontro meu Tabor e meu calvário, há 18 anos! Nestes últimos anos de generalato, procurarei pôr em dia o arquivo do generalato do qual Ir. Clara Maria está perfeitamente ciente, o que muito facilitará à minha sucessora. Tendo-a como superiora local em 1965, na pessoa de Ir. Maria Luiza, será mais fácil lhe ir passando aos poucos a visão do cargo, que já tem em grande parte, a título de assistente-geral. Assim, tenho a impressão de já estar preparando minha mala para minha derradeira viagem: volto para o Pai! Como tudo o que não está relacionado com isso me parece mesquinho, secundário!

Tarefa penosa será a de purificar a Congregação das professas desajustadas que frequentemente estouram desrespeitando as autoridades. Não quero legar tão penoso peso. Já as avisei que ou se corrigirão em 1965 ou deverão deixar a Congregação. (Especialmente duas!) Vou preocupar-me menos com minhas tarefas materiais, a fim de dar mais tempo à oração. Só a oração perseverante me fará obter a santificação de minha própria alma, a santificação das servas, a salvação do mundo, a multiplicação das vocações sacerdotais e religiosas, especialmente em nossa querida Congregação.

1965

Dia 15 de janeiro

Senhor, pela Congregação tenho certeza de que estou fazendo o máximo que posso, com os meios limitados que me deste...

E pela minha alma? Sinto necessidade de um retiro prolongado e profundo, sob uma orientação clarividente e firme. Meu Pai, entrego-me em vossas mãos! Preparai-me para viver bem estes últimos tempos de minha existência. É pena que não encontro compreensão nem interesse por minha alma, da parte de D. Jaime; pelo cargo que ocupa, seria a pessoa mais indicada! "Em tuas mãos...".

Dia 27 de janeiro

Já completei meio século. Desejaria de agora em diante só ter uma única preocupação: amar apaixonadamente a Deus Uno e Trino. Que nada mais me distraísse dele! Conto muito com a graça do retiro para iniciar, com a alma renovada, a reta final. Sinto grande necessidade de um chefe, de um guia, mas talvez o Espírito Santo prefira desempenhar esse papel.

Dias 13 a 20 de fevereiro

Retiro espiritual

Dia 13: Peço a Deus que me faça tirar proveito deste retiro para que seja um impulso generoso na busca de Deus, nesta reta final de minha passagem na terra.

Primeira meditação – a parábola do semeador e os vários tipos de terreno: noto muito mato, muita pedra no terreno de minha alma, o que retarda o crescimento das sementes trinitárias.

Causas: falta de fidelidade à oração, às constituições, ao diretório, devido a um desânimo físico, psíquico e espiritual proveniente das dificuldades que advêm do gênero da Congregação.

Remédio: lembrar que estou apenas viajando neste mundo... passagem rápida... as dificuldades são relativamente pequenas, apenas engrossadas pela emotividade grau cem de meu temperamento! A experiência tem mostrado que Deus tudo resolve a seu tempo... Viajar, avançar resolutamente no meu avião trinitário a jato, acima das nuvens movediças, das tempestades.

1971

Dia 15 de julho

Sinto que uma nova era está marcando minha vida, caracterizada por um desejo profundo e insaciável de Deus e das circunstâncias onde mais facilmente o encontro: *solidão, silêncio, convivência com Ele* no meu trabalho.

Tudo na pura fé, pois Deus habita em nós, muito perto; as minhas dissipações me impedem de atingi-lo de outro modo.

Entregar-me mais profundamente a sua providência a fim de afastar as preocupações que me dissipam... e quanto ao resto, viver mais conscientemente "a dois". A respeito dos problemas da Congregação, substituir o monólogo pelo diálogo interior, uma vez que só Ele é capaz de resolvê-los e que a Congregação não é minha, mas dele.

Dia 6 de setembro

Retiro

"Se alguém me ama, meu Pai o amará. Viremos a Ele, e nele faremos nossa morada" (Jo 14,23).

1) O Espírito Santo é encarregado de "cristificar-me" no meu relacionamento com o Pai e com os irmãos. Estudar, nos Evangelhos, as atitudes de Cristo, para que sejam transmitidas lentamente para minha vida. Essa é a *dimensão espiritual* de nossa espiritualidade.

2) Dimensão social: somos filhos do mesmo Pai, somos todos irmãos, sem distinção de cor, de classe social... consequências ilimitadas:

– comunhão de bens;

– amor universal é a vontade do Pai ensinada por Cristo.

Ontem abri-me à Palavra de Deus e deixei-me penetrar, na solidão do meu quarto, pelo texto habitual: "Se alguém me ama, meu Pai o amará; viremos a Ele e nele faremos nossa morada".

A respeito de nossa Congregação:

a) Que seja uma resposta, mesmo pobre, para a necessidade do povo.

b) Que haja pessoas que estejam querendo isso: que sejam 20, 30 ou 50 adeptos, pouco importa.

Se existe esse serviço e há adeptos, engajar-me por esse caminho. Não perder de vista o motivo de conseguir de Deus: o espírito da Congregação, e não atividade. O problema do número de vocações é de Deus.

Deus também pode querer a Congregação por algum tempo. Em vez de me preocupar se vai acabar ou não, viver na dimensão de hoje. O ideal não é conservação da Congregação, mas o serviço. Minha resposta não é conservar a Congregação, mas o espírito. A comunidade de Jesus chegou a acabar; depois ressuscitou.

A Congregação de Charles de Foucault só se desenvolveu após sua morte. Morreu sozinho, pois os poucos adeptos que entraram, saíram. E hoje está tão fluorescente.

Pai, Filho e Espírito Santo! Tendo-vos dentro de mim, tenho o maior Tesouro! De onde pode vir tanta insatisfação? Sede de possuir-vos como se já estivesse na eternidade? Ambição?

Meu Deus, quero estar satisfeita com tudo o que me deste:

– comigo mesma, com as qualidades, defeitos, capacidades, limitações etc.... assim como eu sou, com o desejo de melhorar;

– com o número e qualidade de Irmãs que já enviastes à Congregação.

Se Deus me dá essa sede de sua presença

é porque pretende saciá-la

1974

Um carisma institucional não se pode estender igualmente a todos os membros da Congregação. Deve amoldar-se aos diferentes tipos de pessoas. *Seria muito triste que não houvesse lugar para aquelas que o encarnam de maneira mais contemplativa, mais ativa.*

Ficar passiva, sem conflitos para descobrir as manifestações da vontade de Deus. Quando o Espírito me der o *insigth*, responder: sim.

Fundamental da tríade: "Todos aqueles que são movidos pelo Espírito de Deus, são chamados filhos de Deus. Recebestes um espírito de adoção filial, pelo qual clamamos: *"Abbá, ó Pai"*. O próprio Espírito testemunha ao nosso espírito que somos filhos de Deus. E, se somos filhos, somos co-herdeiros de Cristo, se, porém, sofremos com Ele, para sermos glorificados com Ele" (Rm 8,14-18).

Ele cuidará de tudo, e eu só cuidarei
de perder-me no seu Amor.

1977

Em 1977, após um tempo de discernimento e de consultar suas conselheiras, Ir. Maria Celeste pede licença a D. Eugênio de Araujo Sales, arcebispo do Rio de Janeiro, onde a Congregação nasceu e tem sua sede geral, para beneficiar-se de um ano sabático. Seu objetivo era um ano dedicado à missão inserida junto aos pobres. Desde sua juventude, sentia-se atraída pela dimensão missionária, como pudemos ler na primeira parte deste diário. Deixa seu cargo de geral e, juntamente com outra Irmã, muda-se para São Paulo. Vai residir numa periferia de São Paulo, no Butantã, numa paróquia dedicada à Santíssima Trindade.

Seu objetivo é despertar entre os simples e pequenos a consciência de sua dignidade humana e de "templos vivos", onde habita a Trindade Santa. Fez a experiência de ser pobre entre os pobres, simples com os simples, inserida na insegurança e desafio dos "filhos" amados do Pai.

Ir. Maria Celeste faz a experiência do amor compaixão. Ela "vê e ouve" o clamor do povo e permanece com ele. Como Maria de Nazaré, percebe a ausência do "vinho novo" e se faz mediadora como Maria, para que o povo prove do "melhor vinho": o vinho do amor, da acolhida, da dignidade, da misericórdia, da presença da Trindade.

Ao completar o tempo sabático e retornar à comunidade da Casa Geral, com o coração que "ardia" de amor pelos "preferidos" da Trindade, escreveu o que segue.

A escuta

Não ficar pensando se em agosto de 1978 deverei ou não retomar o cargo da coordenação da Congregação, e como ficará o meu trabalho na Paróquia Santíssima Trindade? Só na hora a Providência se manifestará e me dará forças para fazer sua vontade.

Quem se preocupa em fazer muitos projetos, corre o risco de não discernir o projeto divino.

Amar a Deus de todo o coração, com todas as forças (Deuteronômio), mesmo que elas se gastem todas num trabalho novo, na periferia, não importa. Gastar-se aos poucos pela glória da Trindade, numa paróquia a ela dedicada, é uma grande alegria para uma serva!

A busca do fundamental

"Sois o Senhor. Fora de vós não existe felicidade para mim" (Sl 15,2) – entrega total.

Quem é o nosso Deus?

"Deixai de recordar os acontecimentos antigos, e do passado não tenhais cuidado."

"Eis que vou realizar uma coisa nova; já desponta, não a conheceis?" (Is 43,18-19).

1980

"Quando seguramos o Evangelho entre as mãos, deveríamos nos lembrar de que nele habita o Verbo que quer se fazer carne em nós, apoderar-se de nós, para que seu coração, enxertado no nosso, seu espírito ramificado em nosso espírito possamos recomeçar sua vida noutro lugar, noutro tempo, noutra sociedade humana. Aprofundar o Evangelho desta maneira é renunciar à nossa vida para receber um destino configurado no Cristo" (Madelene Delbrêl).

"

Trabalhar por Deus,
sem perdê-lo de vista

"

1983

Maio

Pai, em vossas mãos entrego minha existência.
Não vejo futuro... entrego-o à vossa Sabedoria e
à vossa Providência!
Que minha imolação colabore com a santificação
da Igreja, da Congregação.
É como ser enterrada viva, sem ver saída...
"Escondida com Cristo".

Junho

Resolução de meu retiro mensal:

– Viver minha missa ajudando meus irmãos, para a glória
da Trindade!

Recebei, ó Pai Santo, a dádiva de nossa vida cotidiana, unida
à dádiva de Cristo, pela salvação do mundo inteiro, a fim de
que sejamos reunidas pelo Espírito num só corpo!

O entardecer ou a plenitude da vida

"Canta e anda, Deus está no fim da vida" (Santo Agostinho).

Senhor, ensina-me a envelhecer.
Convence-me de que a comunidade não me faz nenhum agravo
se me vai exonerando das responsabilidades,
se não solicita mais a minha opinião,
se escolhe outras para ocuparem meu lugar.
– Despoja-me
do orgulho da experiência acumulada,
da veleidade de me julgar insubstituível:
que eu saiba ver,
no gradativo desprendimento das coisas,
apenas a lei do tempo;
que desdobra, nesta transferência de meus cargos,
uma das mais palpitantes expressões
da vida renovada
sob o impulso da sua Providência.
– Faze, ó Senhor,
que eu consiga ser ainda útil nesta terra,
contribuindo, com o otimismo e com a oração,
para a alegria e a coragem de quem recebe um
turno das responsabilidades;
para que eu viva sem perder o contato humilde
e sereno com o mundo em transformação;
que não lamente o passado,
mas saiba fazer dos meus sofrimentos pessoais
o dom de reparação social.
– Que meu afastamento do campo de trabalho
seja tão simples e natural
como um sereno, feliz e luminoso pôr do sol.
Amém.
Tudo para a glória da Santíssima Trindade!

Breve palavra final

Conheci e convivi muito anos com Ir. Maria Celeste Ferreira. A experiência vivida com ela me possibilitou conhecê-la de perto e ser aprendiz no caminho da espiritualidade trinitária e na busca diária de amar e conviver com a Santíssima Trindade, presente em nosso coração. Ao digitar seu diário e organizar este livro, fui bebendo "dessa fonte" original que brota da interioridade de seu coração *enamorado e apaixonado* pela Santíssima Trindade e pelo seu carisma pessoal de anunciar o AMOR e a PRESENÇA amorosa da Trindade no ser humano, como é sua expressão: "Amar e fazer amar as Pessoas Divinas".

Com simplicidade, sinto que posso apenas escrever umas breves e simples palavras de toda a beleza e riqueza da mística e espiritualidade trinitária que Maria Celeste nos deixou. Há sempre algo novo a encontrar nos muitos escritos, no testemunho de vida, na recordação de suas palavras e gestos. Sua vida é como uma *fonte* ou como um *tesouro*. Há muito a ser explorado e conhecido. Sua mensagem não se esgota. Este livro não envelhece.

Mulher apaixonada pela Trindade, mergulhada desde sua adolescência no oceano profundo de Amor de Deus Trino, a ponto de oferecer o seu coração em holocausto e deixar-se ser "consumida" por amor e para a glória a Trindade.

Em um mundo ferido pela violência, corrupção, individualismo, racismo, intolerância, desrespeito ao ser humano, consumismo, assassinatos... A consciência e vivência trinitária são um caminho para o novo sentido do humano, da comunhão, da solidariedade e da busca de relações humanas e humanizadas. A espiritualidade trinitária é a espiritualidade cristã, da Igreja, do povo de Deus. Jesus revelou e revela em sua Palavra que o Pai nos ama com ternura infinita e amor misericordioso. O Espírito é comunhão, sopro renovador, fogo divino que incendeia o mundo do amor do Pai e do Filho. Jesus é o caminho para conhecermos o Pai, o caminho da verdadeira vida. Nós somos discípulas e discípulos aprendizes em suas pegadas. Como Maria Celeste, *conhecer* a Trindade é viver e morrer de amor.

Inspiradas e inspirados em Maria Celeste, aprendamos a buscar a Santíssima Trindade como modelo e fonte de vida, de novas relações, de comunidade, família e Igreja. Cultivemos a espiritualidade trinitária da inabitação, alimento fecundo na vivência do cotidiano.

Maria Celeste foi mulher pascal, missionária, dom de Deus, acolhedora, inovadora, toda dele, mulher silêncio e contemplação. Qual "frasco" delicado, sempre guardou e derramou o *perfume* do mais puro amor trinitário. Ela soube quebrar o "frasco frágil" e derramar tudo, sem nada reservar para si, como Maria de Betânia. E o *perfume mais precioso do* "nardo trinitário" inundou muitas vidas e até hoje se derrama abundante do seu coração.

Sua entrega a Trindade, como Maria de Nazaré, foi oferenda de si ao Amado em alegria, dores de parto, lágrimas, luzes a trevas, noites escuras e muitas madrugadas, onde despontou o grande "SOL" de sua vida. As duas "Marias" como pobres, despojadas, simples, junto ao povo, sem brilho, sempre foram iluminadas internamente, como um belo "farol", como "sentinelas" da aurora do amor.

Maria Celeste gerou uma "filha" – a Congregação das Servas da Santíssima Trindade. Contemplou seu nascimento, sua adolescência e vida adulta. Não se apegou ao título de fundadora nem ao cargo de madre-geral.

Com apenas 56 anos, plena de vida e sabedoria, não aceitou ser reeleita como geral, pois desejava ver sua "filha" caminhar e crescer sem estar à sua frente. Deixando esse serviço, fazia-se presente de outra forma. Através de oração, participando das assembleias, encontros, atendendo as Irmãs, orientando retiros. Fez-se a mulher "oculta", mas presente. A mãe nunca esquece a filha. Em uma de suas cartas, escreve às Irmãs: "Minhas filhas, o meu olhar não as perde de vista".

Viveu a sua entrega total à Santíssima Trindade, residindo os 18 últimos anos de sua vida em São Paulo, no Centro Trinitário que ela fundou à Rua Domingos de Santa Maria, 395 – Vila Guarani. Hoje é onde está o Memorial Maria Celeste. Aí encontram-se escritos, objetos pessoais, fotos, mas especialmente o mais "rico perfume" derramado por ela e deixado para todos que passam por lá. Nesse lugar "consumiu" sua vida como chama de "lamparina" até a última gota impregnada de amor.

Maria Celeste voltou para a casa do Pai no dia 5 de setembro de 2004, onde canta eternamente o amor e a glória da Santíssima Trindade.

Ir. Helena Teresinha Rech (organizadora)
Congregação das Servas da Santíssima Trindade

"Adoradora de vossa ação em cada uma de vossas criaturas, e principalmente nos próprios recônditos de vossa divindade"

Pais de Ir. Maria Celeste: Luis Leme Ferreira e Zulmira da Silva Ferreira

Maria Celeste com a babá e
suas duas irmãs

Maria Celeste com
4 anos, junto de sua irmã

Maria Celeste com seus
dois irmãos

Ir. Maria Celeste
com 15 anos

No barco no rio Tietê, Maria Celeste (de boina branca) junto
com sua irmã Maria de Lourdes (de chapéu) viajando para
Santos para embarcar no navio em direção a Europa

Em 1932. Bragança Paulista/SP. Durante as férias,
Maria Celeste realizava missões catequéticas nas
fazendas de café da família

Ir. Maria Celeste
com 18 anos

Ir. Maria Celeste
com 31 anos

Ir. Maria Celeste com as quatro primeiras postulantes junto com D. Jaime de Barros Câmara, Cardeal do Rio de Janeiro, no dia da fundação da Congregação, em 15 de junho de 1946

Dom Jaime e as Servas

Em 1948, Dom Jaime e as primeiras Irmãs

Ir. Maria Celeste
com 50 anos

Ir. Maria Celeste
com 80 anos

Ir. Maria Celeste
tocando na celebração
de seus 80 anos

Ir. Maria
Celeste com as
Irmãs e amigas
por ocasião de
seu aniversário

Ir. Maria Celeste
com 81 anos

Ir. Maria Celeste
com 84 anos

Memorial Ir. Maria Celeste: objetos pessoais, órgão, quarto

Impresso na gráfica da
Pia Sociedade Filhas de São Paulo
Via Raposo Tavares, km 19,145
05577-300 - São Paulo, SP - Brasil - 2017